Business Models for Teams

See How Your Organization Really Works
and How Each Person Fits In

商业模式新生代（团队篇）

[美] 蒂莫西·克拉克（Timothy Clark） 著
布鲁斯·黑曾（Bruce Hazen）

郁婧 黄涛 译
会杰 审校

协作
来自39个国家的225个联合创作者

设计
小野寺桂子（Keiko Onodera）

机械工业出版社
CHINA MACHINE PRESS

图书在版编目（CIP）数据

商业模式新生代（团队篇）/（美）蒂莫西·克拉克(Timothy Clark)，（美）布鲁斯·黑曾(Bruce Hazen) 著；郁婧，黄涛译 . —北京：机械工业出版社，2018.6（2024.7 重印）

书名原文：Business Models for Teams: See How Your Organization Really Works and How Each Person Fits In

ISBN 978-7-111-60133-3

I. 商… II. ①蒂… ②布… ③郁… ④黄… III. 商业模式 IV. F71

中国版本图书馆 CIP 数据核字（2018）第 110343 号

北京市版权局著作权合同登记　图字：01-2018-2416 号。

Timothy Clark, Bruce Hazen. Business Models for Teams: See How Your Organization Really Works and How Each Person Fits In.

Copyright © 2017 by Timothy Clark and Bruce Hazen.

Simplified Chinese Translation Copyright © 2018 by China Machine Press.

Simplified Chinese translation rights arranged with PORTFOLIO/PENGUIN through Andrew Nurnberg Associates International Ltd. This edition is authorized for sale in the Chinese mainland (excluding Hong Kong SAR, Macao SAR and Taiwan).

No part of this book may be reproduced or transmitted in any form or by any means, electronic or mechanical, including photocopying, recording or any information storage and retrieval system, without permission, in writing, from the publisher.

All rights reserved.

本书中文简体字版由 PORTFOLIO/PENGUIN 通过 Andrew Nurnberg Associates International Ltd. 授权机械工业出版社在中国大陆地区（不包括香港、澳门特别行政区及台湾地区）独家出版发行。未经出版者书面许可，不得以任何方式抄袭、复制或节录本书中的任何部分。

商业模式新生代（团队篇）

出版发行：机械工业出版社（北京市西城区百万庄大街 22 号　邮政编码：100037）	
责任编辑：董凤凤	责任校对：李秋荣
印　　刷：北京宝隆世纪印刷有限公司	版　　次：2024 年 7 月第 1 版第 7 次印刷
开　　本：240mm×186mm　1/16	印　　张：17
书　　号：ISBN 978-7-111-60133-3	定　　价：89.00 元

客服电话：（010）88361066　68326294

版权所有 • 侵权必究
封底无防伪标均为盗版

商业模式新生代（团队篇）

你的组织是如何运作的，组织中的每个成员是如何发挥作用的

赞誉

商业模式的变革是个人、团队、企业和产业创新的源泉之一。本书由39个国家的225个联合创作者共同撰写、编辑，它的全球化视野以及对于团队合作的理解值得每一个正在进行或准备进行商业模式创新的团队学习。

吴晓波　财经作家

我真的很喜欢知识框架，这是在错综复杂的知识中抓住关键点的唯一途径。商业模式画布不仅是一套伟大的知识框架，我更为欣赏的是本书的作者把这一框架转化为一个团队可以进行有效互动的、看得见摸得着的工具。

周晨光　斯坦福大学教授、甲骨文公司前总裁

这是我最推崇的一本关于商业模式的著作。

商业模式不是一个新话题，但被作者蒂莫西和布鲁斯从全新的视觉角度制作成了一幅个人、团队、企业都看得见的美妙风景画布。

商业模式必须承载厚重的企业战略，难免有些枯燥，但作者通过画布形式对其加以设计，使其更富趣味性，让读者参与进来，给读者一种"实践出真知"（learning by doing）的真实体验。

商业模式对创业者和企业家来说，最难拿捏的是需求的温度情怀与赚钱的严酷细致，但它被作者以全新的众创方式和内涵演绎，勾勒成一幅基于价值主张的新生代商业模式全景图。

吴霁虹教授（Jihong Sanderson）
创新管理学家、人工智能商业化专家
畅销书《未来地图》《众创时代》作者

如果我们按本书建议的方式来理解我们的工作、做我们的工作，我们的工作会变得像我们一起玩的一场游戏、我们参与的一次演出、一趟集体出行。工作不再是一系列让人不太能理解的抽象要求，也不是几个需要不断重复的机械动作，而是如在一个进取的球队中，每一个人都清楚团队的目标、各自的站位和角色，然后一次次配合，一次次取得进展，并在这个过程中不断提升每个人和整个团队的水平，直至胜利，直至给客户创造价值。

如何做到这些？本书提供了一套视觉化的、可操作的方法。易懂、有趣、很有用。推荐！

谢劲波　BeBeyond创始人、CEO

致中国读者的一封信

身处距离北京8839公里的一家咖啡厅,作此序。此刻,我十分享受将自己投射于对未来的憧憬中,想象着6个星期之后读到下面这些文字的人们将是怎样的。

或许你刚好在中国经营着一家创业公司,你要帮助员工理解各自在公司中的角色,你想要与之讨论新公司的商业模式,即你的公司是如何向客户交付价值的。

又或许,你正致力于将在中国运营得十分成功的商业模式复制到海外去。想要吸引当地员工和合作伙伴,恐怕没有比把企业的商业模式和团队的商业模式讲授给他们更好的办法了,当然还要告诉他们这些商业模式将给他们带来怎样的好处。

但可能性更大的情况是,你像所有大多数商业类书籍的读者一样,是一个意欲通过提高自己与团队合作的效率而获得职业晋升的职场人。

不论你阅读本书的动机是怎样的,我都希望本书能够帮助你拓展对于商业模式的理解,不局限于传统定义中面向组织外部客户的视角。

当然,服务外部客户是所有商业模式的终极目标,全球畅销书《商业模式新生代》一书正是聚焦于此。而我有幸与"商业模式画布"的发明者亚历山大·奥斯特瓦德和伊夫·皮尼厄一起,完成了该书的创作。

但是一旦一家企业正式确立并以某一个商业模式开始运营,它便会面临一个重要的、新的现实,即其大多数员工并不直接服务于外部客户。相反,大多数员工服务于内部客户,如主管、同事以及企业内的其他团队。因此,通过将商业模式思维运用于内部客户身上,大多数员工都会发现理解自己在组织中的角色变得更容易了。

《商业模式新生代》介绍了一个描述和重塑商业模式的全球性新标准。在《商业模式新生代(个人篇)》中,我提出了个体商业模式模型,一种帮助单个职场人描述和重塑自身价值的方法。现在,在《商业模式新生代(团队篇)》中,布鲁斯·黑曾和我将向你展示重塑团队所能传递的价值。

我希望我们的作品能够帮助你取得更大的成就,为你个人,为你的团队,也为你所在的企业。

蒂莫西·克拉克
于美国俄勒冈州波特兰市
2018年4月1日

本书的商业模式

本书是由来自39个国家的225个联合创作者共同编写、编辑并出品的。本书的草稿被上传至某在线社区，经反复阅读、讨论、评判长达15个月之久。我们大致计算了一下，这一过程带给本书的是来自商业、科技、政府、学术、医药、法律、设计以及其他领域，合计长达5000年时长的专业经验。上述225个实践者的名字均列于本书接下来的部分中。

这225个实践者的支持使我们更加坚定了长久以来对于分散式智慧的信念，我们对此十分感激，而美国的各类企业也确实迫切地需要全球化的视角。我们的实践者来自澳大利亚、奥地利、比利时、巴西、加拿大、智利、中国、哥伦比亚、丹麦、芬兰、约旦、卢森堡、马来西亚、墨西哥、荷兰、新西兰、菲律宾、波兰、葡萄牙、罗马尼亚、新加坡、西班牙、瑞典、瑞士、土耳其、英国、阿联酋、美国以及越南等地。

我们要特别感谢一些人，他们在本书逾一年的创作过程中，纷纷花费几百个小时，贡献案例，发表评论，提供图形创意，帮助我们总结并最终形成了本书的创作方向、基调以及风格。他们是：Cheryl Sykes、Bob Fariss、Reiner Walter、Marijn Mulder、Jaime Schettini、Adriano Oliveira、Elia Racamonde、Jutta Hastenrath、Dennis Daens、Birgitte Alstrom、Sophie Brown、Beatriz Gonzalez、Erin Liman、Mary Anne Shew、Daniel Weiss、Cheenu Srinivasan、Danielle Leroy、Mitch Spiegel、Luigi Centenaro、Armulv Rudland、Frederic Caufrier、Edmund Domar、Renate Bouwan、Mercedes Hoss、Thomas Becker、Nicolas de Vicq、Jose Meijer、Neil McGregor以及Mikko Mannila。最重要的，我们要感谢Alexander Osterwalder和Yves Pigneur发明了商业模式画布这一工具。

如果我们的精神打动了你，请登录BusinessModelsForTeams.com，你将免费获得本书用到的所有管理工具。你将进入一个拥有来自80个国家的超过12 000名热衷商业模式的实践者的在线社区，其中也包括以下225个本书的联合创作者。

本书联合创作者名单

Aclan Can Okur
Adriana Lobo
Adriano Teles da Costa e Oliveira
AJ Shah
Alaa Qari
Alan Scott
Alexander Schmid
Amina Kemiche
Ammar Taqash
Andrea Frausin
Andrew Kidd
Angelina Arciero
Anja Wickert
Ann Ann Low
Annalie Killian
Ariadna Alvarez Delgado
Aricelis Martinez
Arnulv Rudland
Ayman Sheikh Khaleel
Bart Nieuwenhuis
Beatriz Almudena González Torre
Bernie Maloney
Bert Luppens
Birgitte Alstrøm
Birgitte Roujol
Björn Kijl
Bob Fariss
Brenda Coates
Brian Edgar

Brian Haney
Brigitte Tanguay
Bruce Hazen
Bryan Lubic
Carlos Salum
Caroline Bineau
Caroline Ravelo
Cheenu Srinivasan
Cheryl Rochford
Cheryl Sykes
Chimae Cupschalk
Christine Paquette
Christoph Kopp
Christopher Ashe
Conrado Gaytan de la Cruz
Conrado Schlochauer
Cristian Hofmann
Daniel Huber
Daniel Weiss
Danielle Leroy
Dann Bleeker-Pedersen
David M. Blair
David Hubbard
David Nimmo
Dawn Langley
Deanne Lynagh
Denise Taylor

Dennis McCluskey
Dennis Daems
Derrick Tran
Diana Visconti
Dora Luz González Bañales
Doug Gilbert
Doug Morwood
Eddy de Graaf
Edmund Komar
Eduard Ventosa
Eduardo Campos
Eli Ringer
Elia Racamonde
Elizabeth Cable
Enrico Florentino
Eric Nelson
Erik Alexander Leonavicius
Erin Liman
Ernest Buise
Fabiana Mello
Fabio Carvalho
Fabio Nunes
Fabio Petruzzi
Falk Schmidt
Fernando Sáenz Marrero
Francisco Barragan
Francisco Provete
Franck Demay
Frederic Caufrier

Frederic Theismann
Gabrielle Schaffer
Gary Percy
Geoffroy Seive
Ghani Kolli
Gina Condon
Ginés Haro Pastor
Ginger Grant
Gisela Grunda-Hibaly
Glen B. Wheatley
GP designpartners gmbh
Grace Lanni
Greg Loudoun
Gregory S. Nelson
Guida Figueira
Guido Delver
Hadjira Abdoun
Hans Schriever
Hector Miramontes
Hena Rana
Hillel Nissani
Isabel Chaparro
Isabella Bertelli Cabral dos Santos
Jörn Friedrich Dreyer
Jaime Schettini
Jairo Koda
James Saretta
James Wylie
Jan Kyhnau

Jane Leonard
Jason Porterfield
Jaya Machet
Jean-Pierre Savin
Jean-Yves Reynaud
Jeffrey Krames
Jeroen JT Bosman
Joe Costello
John Carnohan
John J Sauer
Jonas Holm
Jonny Law
Jordi Castells
Jorge Carulla
Jorge Pesca Aldrovandi
Jos Meijer
Juan Felipe Monsalve Diez
Jude Rathburn
Judy Weldon
Julia Schlagenhauf
Julie Ann Wood
Justine Lagiewka
Jutta Hastenrath
Katiana Machado
Keiko Onodera
Koen Cuyckens
Laura Stepp
Lina Clark
Liviu Ionescu

Lourdes Orofino
Lourenço de Pauli Souza
Luc E. Morisset
Luigi Centenaro
Lukas Bratt Lejring
Magali Morier
Magda Stawska
Manuel Grassler
Manuela Gsponer
Marco Mathia
Marco Ossani
Maria Monteiro
Marijn Mulders
Markus Heinen
Marsha Brink Stratic
Martin Gaedke
Martin Schoonhoven
Mary Anne Shew
Mathias Wassen
Mats Pettersson
Mattias Nordin
Megan Lacey
Mercedes Hoss-Weis
Michael Lachapelle
Michael Lang
Michael Ruzzi
Michael Makowski
Michael Bertram
Michelle Blanchard

Miki Imazu
Mikko Mannila
Mitchell Spiegel
Mohamad Khawaja
Nadia Circelli
Natalie Currie
Neil McGregor
Niall Reeve-Daly
Nicolas Burkhardt
Nicolas de Vicq
Nige Austin
Olivier Gemoets
Oscar Galvez Tabac
Pallavi Bhadkamkar
Paola Valeri
Paula Quaiser
Paulo Melo
Pedro Fernandez
Peter Cederqvist
Peter Dickinson
Peter Gaunt
Philip Blake
Pierre Chaillou
Rainer Bareiss
Ralf Meyer
Randi Millard
Raymond Guyot
Reiner Walter
Renate Bouwman

Renato Nobre
Rex Foster
Riccardo Donelli
Richard Bell
Roberto Salvato
Robin Lommers
Sara Vilanova
Scott Doniger
Sophie Brown
Stefaan Dumez
Stefan Kappaun
Stephan List
Stuart Lewis
Susanne Zajitschek
Thomas Becker
Thomas Kristiansen
Thomas Fisker Nielsen
Till Leon Kraemer
Timothy Clark
Tufan Karaca
Van Le
Verneri Aberg
Victor Gamboa
Viknapergash Guraiah
Vincenzo Baraniello

商业模式画布的起源

对于《商业模式新生代》畅销全球这件事情,鲜有人比我更加吃惊了。这本书在一项统计迄今为止最热销管理类书籍的排名中,名列第29位。商业模式画布这一工具是《商业模式新生代》成功的基础。关于商业模式画布的起源鲜有人知晓,因此蒂莫西和布鲁斯建议我在这里分享一下这个故事。

我是一名教授,供职于洛桑大学。20世纪90年代后期,很多研究生团队开始向我请教关于创业以及商业计划的问题。其中很多项目都与互联网相关,诸如在线销售手工精酿啤酒之类的。

我给这些未来企业家提供建议的方式,就是与他们共同探寻他们创业项目的深层逻辑。我试着让他们用最简单的语言解释他们未来企业的运作方式,即清晰地描述其商业模式。我与很多团队重复过这一过程,渐渐地,我发现我提出的问题都会自然地落入九个相互独立的范畴中。

意识到这一点后,我想到或许这九个模块就是构成所有商业模式的核心元素。我并没有对这样一个发现采取什么行动,但这个想法始终停留在我的脑海里。直到后来我答应为一位名叫亚历山大·奥斯特瓦德的年轻企业家指导一个关于商业模式的博士课题,在课题完成的过程中,这个想法又以汹汹之势回来了。这位年轻的企业家,就是如今Strategyzer的创始人兼CEO。

亚历山大和我用了十几年的时间,一起开发、测试、发表我们在商业模式上的研究成果。在这个过程中,我们创造了一个可视化的、由九个模块构成的管理工具——商业模式画布。它以我最初归纳的九个独立的问题范畴为蓝本,经过大量的模型测试和完善,最终成型。

商业模式画布就是我们共同编写的书籍——《商业模式新生代》的基础。在该书的创作过程中,除了在线社区中的联合作者的支持,亚历山大和我得以成稿,还有赖于以下三位同事的直接帮助:设计师艾伦·史密斯(Alan Smith)、制作人帕特

里克·范德·希尔（Patrick van der Pijl），以及编辑蒂莫西·克拉克。

蒂莫西之后继续编写了《商业模式新生代（个人篇）》，即将商业模式画布运用于个人职业生涯发展，他把这叫作"个体的商业模式"。如今，蒂莫西和布鲁斯·黑曾合作编写了本书，又将商业模式画布运用到了组织内部的团队中。

基于以下三个原因，我认为这本书值得推荐：

其一，它聚焦于运用商业模式画布改进组织内部运作。这有别于商业模式画布的传统角色——面向市场的战略制定及战略改进工具。

其二，它为领导者指出了一条提高有效性（而非效率）的捷径。历时五年的培训、调研及实践，并没有显著提高组织的领导力，或许原因即在于过度聚焦于对团队领导者的培训，而忽略了对团队成员的培训。这本书为领导者提供了一种方法，使得他们得以将经营权与团队成员分享，同时向他们说明作为个体应如何与组织融为一体。

其三，它展示了一个管理工具如何做到同时在组织、团队以及个人三个层面上达成共识、明晰权责。同时，这本书引入了几种有用的新的管理工具和管理技巧，这对于团队中扮演领导、管理者

或导师角色的人将有所助益。

没有人比蒂莫西·克拉克和布鲁斯·黑曾更能胜任编写这样一本兼具实用性和启发性、变"我"为"我们"的管理手册了。在总结经验和范例的基础上，蒂莫西和布鲁斯提出有效的管理方法应"超越语言，精确定位个体、团队和组织工作中的问题"。

亲爱的读者，你大可允许自己为这本实用的管理手册着迷。在每一个章节中，蒂莫西和布鲁斯都将以清晰的案例、积极的态度向你传达有效的方法。我们确信，你必将从中学到新的管理方法及技巧，并最终成为"变我为我们"的实践者。

伊夫·皮尼厄（Yves Pigneur）
瑞士洛桑大学管理信息科学教授
《商业模式新生代》联合作者

本书中的职业画像

会计	64
广告代理客户经理	112
律师	146
厨师	40
咨询公司战略领导者	164
复印机制造商总经理	24
企业沟通经理	110
能源营销经理	68
工程博士申请人	113
工程服务CEO	212
Facebook主管	48
金融顾问	64
健身中心CFO	158
冷冻食品生产管理者	136
卫生保健管理MBA	139
人力资源顾问（企业外部）	170
人力资源顾问（企业内部）	70
人力资源主管（软件行业）	204
人力资源主管（交通运输）	114
产业培训经理（企业内部）	74
保险公司培训经理	208
机械师	142
生产部门经理	180
生产技师	146
医学院从事科研的化学家	146
组织发展咨询师	213
个人发展咨询师	208
医药企业销售经理	82
程序员	106
餐厅老板	40
零售连锁药店主管	15
风险分析工程师	162
半导体行业主管	150
足球教练	4
社会企业家	44
软件开发CEO	204
软件开发人员	106
软件学习服务行业主管	66
科技创新中心经理	74
通信运营商网络经理	202
通信行业营销主管	148
运输系统工程师	114

赞誉
致中国读者的一封信
本书的商业模式
本书联合创作者名单
商业模式画布的起源
本书中的职业画像

目录

第一部分　广泛定义工作职责

新的领导方式和更好的工作方法。　　　　第1章　从"我"到"我们"　·　·　·　·　2

第二部分　商业模式

学习使用一个强大的工具，用以描述并分析组织、　　第2章　组织的商业模式　·　·　·　·　22
团队及个人的商业模式。　　　　　　　　　　　　第3章　团队的商业模式　·　·　·　·　58
　　　　　　　　　　　　　　　　　　　　　　　第4章　个人的商业模式　·　·　·　·　96

第三部分　团队合作

运用商业模式思维下的新型管理工具提升团队合作。　第5章　跟我一起开始　·　·　·　·　124
　　　　　　　　　　　　　　　　　　　　　　　第6章　"我"与"我们"同步　·　·　156
　　　　　　　　　　　　　　　　　　　　　　　第7章　"我们"与"我们"同步　·　178

第四部分　应用指导

去发现其他人是如何做的，如何让它为你、你的团　　第8章　应用指导　·　·　·　·　·　198
队和你的组织所用。　　　　　　　　　　　　　　第9章　工作的新方法　·　·　·　·　224

特别贡献者　·　·　·　·　·　·　·　242
从一个全球化的社区中获取灵感　·　244
创作者简介　·　·　·　·　·　·　·　246
注释　·　·　·　·　·　·　·　·　·　248
你可能会用到的书和文章　·　·　·　250

XV

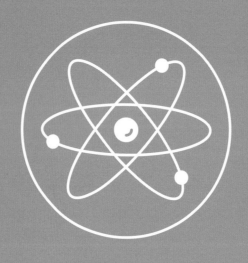

第一部分

广泛定义工作职责

新的领导方式和更好的工作方法。

从"我"到"我们"

足球教练

"我注意到你们的球队人员不足,我可以加入吗?"

他看起来信心十足。他穿着一件国际米兰的球衣,看上去比我们都专业。我们的球队着装并不统一,由一帮研究生组成,每周上场一次参加加利福尼亚州的"圣何塞工业足球联赛",原本只是为了蹭赛后超赞的庆功派对。我们球队的成绩是联赛倒数第一(并列)。

"为什么不可以呢?"我们的队长回答。"任何帮助对于我们而言都是有益的。"

"确实如此!"这位来访者说道。大家都笑了起来。

来访者名叫拉米。在来美国之前,他已经在埃及从事足球教练工作数年。他出现得正是时候:我们已经厌倦了球队糟糕的成绩,厌倦了付出时间和精力却始终没有进步。拉米加入了球队,同意担任球队教练。

然后,变化就发生了。通过教会我们一种被他称作"广泛地定义比赛"的思维方式,拉米使得我们每个人开始展现自己最好的一面。渐渐地,我们变成了一个真正的球队。我们新的踢球风格跟过去的风格有着极大的不同:

- 之前我们基本上都是简单地追着球跑。拉米教会我们看到自己的队友,并相互配合。
- 拉米教我们努力去成为一个最好的促成者,而不仅仅是一个最好的球员。
- 我们之前过度关注各自所踢的位置,而拉米教会我们以整个球场为视角思考自己的作用。
- 我们之前主要是为了社交而踢球,而拉米给了我们一个更大的目标,即提高我们的技巧,成为一个赢球的球队。

新教练加入球队一个赛季之后,我们取得了联赛第二的成绩。我们的女朋友们和朋友们都变成了球队热情的拥趸。我们仍然非常喜爱赛后的庆功派对,但更多是因为我们有资格在派对上庆祝自己的胜利了。[1]

从"我"到"我们"

拉米将一群美国业余球员变成了一个真正的足球队。他是怎么做到的呢？这得益于以下四个能够调动人积极性的元素：

目标

每个人都希望自己能成为一个伟大群体中的一员。拉米给了大家一个更大的目标：成为一支赢球的队伍。

自主权

每个人都想要掌控自己的生活。拉米向球员展示了如何将梦想变为现实。

人际关系

每个人都想要归属感。拉米教会了他的球员要同心协力、相互成全。

专精

每个人都希望自己在某件事情上能越做越好。拉米向他的球员展示了提高技巧的方法。[2]

尽管拉米教的是足球，但是他解决的挑战与许多商业组织面对的挑战可能是相似的：训练人们停止聚焦于自己，而开始聚焦于团队。简言之，就是要建立更好的团队。

每一个领导者都追求更高质的团队合作，但是所有的团队多少都存在内部冲突和功能失调问题。团队合作顾问帕特里克·兰西奥尼（Patrick Lencioni）认为其中的原因很简单，就是团队"是由不完美的人类组成的"，而团队中的每个人都时常要面对来自团队内部的力量较量。[3]

在工作中，人们都挣扎着在个人需求（这对我有什么好处）和团队目标（什么才是对团队最好的）之间寻找平衡。同样地，对于个人职业选择，人们总是看起来像是在生存和寻求工作意义之间进行艰难选择。这种存在于"我"和"我们"之间的矛盾是天然的、永恒的、不可消解的，普利策新闻奖获得者哈佛大学生物学家爱德华·威尔逊（Edward O. Wilson）说过：

我们生来是为了将生命付诸某个群体吗？抑或为了将我们自己和我们的家人凌驾于其他一切之上吗？科学研究表明……我们是以上这些的总和……这两个相反力量较量的结果……不可改变地存在于我们的情感和逻辑中，不可消减。[4]

那就难怪领导一个团队是如此具有挑战性了：它要求我们不停地在个人需求和团队目标之间左右摇摆。

团队领导者要设法同时照顾到利己的"我"和利于团体的"我们"，但"我"和"我们"之间的冲突是不可避免的，因此消除冲突是不可能的。相反，一个好的团队建设者会利用这种冲突，为大家带来好处。我们的目标是巧妙地识别每个人的利己目标，同时将其行为向团队目标推进。本书将向你展示如何能够——为了你或你的组织，将自己变成一个像拉米一样杰出的足球教练。

变"我"为"我们"是如何起作用的

变"我"为"我们"这种方法采用的是对工作更广泛的定义。正如拉米要求他的球员不要只是在自己的位置上踢，这种"广泛的定义"就是不以职位定义职责，而是以团队角色定义职责。

职位描述会定义职责、任务，并要求输出结果。相对地，角色描述关注与其他人之间的联系，这与拉米的教法更加相似：要让不擅于运用技巧的球员通力协作，而不只是各自追着球跑。打个比方，在一个项目组中，凯文的角色是联络专员。"联络专员"不是一个职位头衔，而是凯文需要在团队中扮演的角色，负责就团队的所有行动与组织中的其他人进行沟通协调。

"工作的更广泛定义"是从商业模式角度定义工作职责，而非从组织结构角度定义。组织架构定义了一家企业内部的上下级汇报关系，但无法告诉我们一个组织是如何以一个完整的系统运作的。

相反，商业模式可以描述组织体系是如何运作的，服务于何种群体，系统中的各部分又是何种关系。商业模式可以同时将整个系统完整展示，就如同拉米向他的球员示范了如何以整个球场为视角慢慢展开比赛。从下一章开始，你将学习使用商业模式画布，一个描述和理解商业模式的有力工具。

商业模式画布可以帮助我们形成一个"系统化的观点"，从以下三个层次看待我们的组织：企业、团队、个体。企业商业模式体现了一家企业作为一个整体是如何向组织外的客户创造并传递价值的。团队商业模式体现的是一个团队如何向同一组织内的其他成员创造并传递价值。个人商业模式体现的是单个个体如何创造并传递价值。

商业模式画布

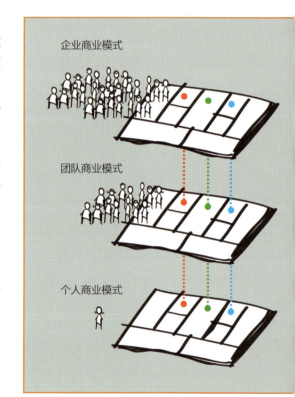

企业商业模式

团队商业模式

个人商业模式

本书受众及原因

将上述三个层次想象成企业商业模式处于顶层的叠层。通过这样的视角可以将工作场景中千丝万缕的联系展现出来，并向那些习惯了把工作局限于"职位描述"，从不碰触团队或职责边界的人，传递一种彼此之间是休戚相关的关系的意识。这就是人们理解一个组织是如何运作的开始，也是他们真正融入组织的开始。

本书是写给像拉米一样，需要监督团队，希望团队更强大且能够不被淘汰的人。本书介绍的方法适用于大部分组织，不论是营利性的还是非营利性的。

好的团队合作意味着更多的合作和交流，意味着团队成员要同时满足两个条件：一是要进行自驱动；二是要专注于重要的事情，而不仅仅是保持忙碌的状态而已。因此，本书的主要目标就是教会读者一些能够帮助自己的团队成员更加趋向自我驱动的方法，也就是，如巴菲特的名言那般"多领导，少管理"。

领导力基础

无论你的背景和经历是怎样的，你都可以从这些方法和技巧中获益。但如果你打算利用本书去指导或培训其他人，那么基本的管理能力或管理技巧是必要的。

本书介绍的不是领导力的基本要素，也不是向你推荐某种风格的领导方式。但如果你需要从领导力的基础开始了解的话，向你推荐由保罗·赫塞（Paul Hersey）和肯尼斯·布兰查德（Kenneth Blanchard）提出的情景领导理论，这一理论影响了几代一线管理者和主管，经久不衰。[5]

情景领导理论说的是领导者不应依赖单一的行为模式或使用单一的视角看待员工以及他们的需求。相反地，领导者应随组织环境及个体变换而改变领导风格。畅销书《一分钟经理人》收录了一个对于情境管理模型而言非常流行的应用案例。[6]

对于大多数人而言，成为一个更好的领导者最好的方法就是改进基本管理技巧，例如建立信任、及时传递反馈、给予认可和承认。[7]在本书后面的"你可能会用到的书和文章"中，有我们推荐的关于领导力以及相关主题的推荐读物。

成为领导者的"偶然性"以及职场人士的三种思维方式

人们常常是"意外地"成了领导者。也就是说,他们升任管理职位主要是因为强大的技术能力或者职业能力,并不一定是因为他们展现了较强的管理能力或者管理技能。因此,很多新晋的领导者应该从真正意义上学着换一种思维方式。

原因如下所述。当人们开始自己的职业生涯时,他们其实是在"测试自己所学到的东西"——他们需要寻找方向感,同时依赖他人教会他们新的或者更好的工作方法。职业生涯中的这个阶段的特点就是采用**依赖性的**思考方式。

一旦发展出了某项专长,并因为这项专长建立了声誉,人们往往会更信赖自己的经验,表现出更强的自我驱动性。职业生涯中的这个阶段的特点是采用**独立的**思考方式。

但是当需要领导他人的时候,人们就需要考虑组织体系以及人际关系——人与人之间的关系以及团队与团队之间的关系。这需要的是相互依赖的或者说系统化的思维方式。要了解一个组织体系以及组织内的相互依赖关系,最实用的、最易理解的方法就是用图形将它们的商业模式描绘出来。[8]

强化使用商业模式的能力将对领导者产生极大的裨益。这种能力还能够帮助你区分三种不同的思考方式(依赖性思考方式、独立的思考方式以及系统化的思考方式),使你具备识别并判断他人属于哪一种思考方式的能力,同时帮助搭档学习并实践更相宜的工作风格。

本书的意义？

创建商业模式模型的本意是为了帮助企业更好地服务于组织以外的客户。这里所用的战略，即创造并向市场输出价值的逻辑。在大多数组织中，只有经理人需要考虑战略。

相较于战略，我们较多地聚焦于运用商业模式工具更好地服务于组织内的"客户"，即所谓的运营。运营的过程就是大多数人工作的过程。

《商业模式新生代》定义了描述组织战略的新方法。本书将这种方法运用于个体。如今本书将战略和运营结合在一起，这样人们就可以理解每天工作的时候需要做些什么了。

当语言过于苍白，或者过于多余时

新晋的领导者在读到关于领导力的相关书籍或接受领导力培训的时候，常常会收获一些用以描述纯熟领导力的新词汇，但他们仍然缺乏展现领导力或将领导力施于他人的能力。相反，他们会基于以下两个错误的假设，依赖一些表面功夫以宣告自己的领导身份：

（1）大家都能理解我说的话，也明白我说话的意图。

（2）大家都会因为我说的话采取适当的行动。

当然，语言本身没什么错，但要解释或理解清楚一个复杂的、多维度的组织体系，单靠语言是无法做到的。要了解一个组织体系，领导者需要一个可视化的工具（第三方工具[9]）使得员工可以同时将整个系统完整地展示出来。第三方工具包括商业模式画布、乐高积木块、活动挂图以及其他利用图画形式可以将语言无法描述清楚的组织内的相互依赖关系表述清楚的工具。

第三方工具温和地引导使用者摒弃抽象的讨论，而实际参与到建造一个有形的组织模型的过程中。[10]活跃的组织模型建造过程能够帮助团队发掘隐性知识、鼓舞原本不善表达的团队成员，使每个团队成员都能更容易地表达清楚并分享自己的想法。同时第三方工具能够将员工的注意力从工作任务上转移开，从而减少冲突，降低员工个性、办公室政治等因素的影响，也降低团队遵从某个表达最清晰的意见的倾向。更重要的是，这种方式能使人高度投入，也更能调动员工调整自己行为的积极性。

资深的"变我为我们"的实践者都认为第三方工具是必不可少的，因此你会发现本书中贯穿着许多使用这些工具的案例。这些工具可以帮助你以超越语言的方式，准确定位个体、团队以及组织工作中存在的问题。

An organization expressed using LEGO® bricks

明确你的角色

但接下来帮助人们适应组织并产生高效的输出就需要扎实的领导技巧了。对缺乏经验的领导者而言，达成这样的目标会十分吃力。如果你打算利用本书中的工具去寻找工作中的问题，你需要确保你和你的团队有足够的能力与决心去最终解决这些问题。

新晋的领导者倾向于更多地将注意力聚焦于自己的行为是否与自己的职位相称，但他们很少就自己领导者的角色定位向自己的属下做出说明。因此，下属不清楚自己领导的角色定位。相反，他们会依据与领导之间发生的碎片化的互动推测领导的角色定位。如果你希望来自同事的支持能够更加有效，（要从他们的角度"向上管理"），就不要让他们依赖自己的猜测，而要向他们完整、清楚地描述你的领导角色定位。

角色定位，尤其是领导角色定位，会随着时间而发生变化，因此以清晰且公开的形式定期对团队成员的角色定位（包括你自己的领导角色定位）进行确认是很关键的。要避免说教、领导的一言堂或将角色定位囿于职位描述的范围（即简单地描述各自的角色）。打个比方，如果你希望你的团队变得更加分权化、成员更加自驱动化，你就要这样解释你的角色定位：我不再是一个解决问题、提供答案的人，而将变成一个帮助团队成员定位问题的提问者。

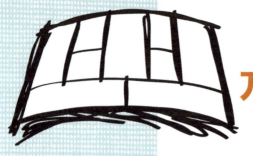

方法：简短概述

从下一个章节开始，本书会介绍提升团队合作的具体办法。这些方法又可以以多种方式组合使用，此处仅以简短的篇幅就一种典型的方法做概述。

1. 团队成员画出各自的商业模式

团队成员各自以个人版的商业模式画布为工具描述自己当下正在处理的工作以及他们未来想要完成的工作内容。这一步骤可以引导团队成员跳出自己手头的工作进行思考，识别自己的工作究竟可以帮助谁——这也是了解工作环境中相互依存关系的第一步，而这一依存关系正是支撑良好团队合作的基础。运用工具模型将组织的现状和组织的未来理想状态描述出来的过程，以及过程中的心得分享，能够提升成员在相互交流方面的能动性，提升成员对于自身能力差距的认知。这些都是提升团队合作的基础步骤。

2. 团队成员共同确定团队的商业模式

接下来，同样是以商业模式画布为工具，由团队成员合作共同完成团队的商业模式模型。通常，这一过程会让参与者大开眼界，形象化地明确团队目标，引导参与者识别在组织内部的服务对象，进而理解组织层面的各种关系。这一过程将触发参与者进一步以动态的、绩效互为因果的系统认知所在的组织和团队，而不再将其理解为一套静态的"机制"。与第一个步骤一样，建立模型和分享心得的过程可以帮助参与者强化情境意识，离实现有效的团队合作和员工自驱动化管理更近一步。

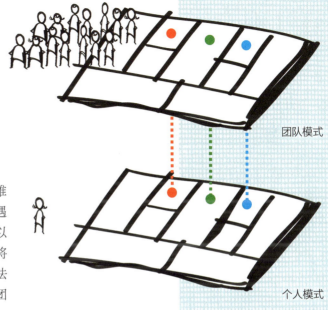

团队模式

个人模式

3. 团队成员在团队商业模式中定位各自的贡献

团队成员在团队商业模式中定位各自的贡献，用彩色别针将各自在实现团队目标方向上的创造或增加了价值的行动标注出来以示强调。这个过程可以彻底将团队工作中存在的低效状况和可改进的空间暴露出来，常常可以帮助团队找到急需得到落实的重要工作。结果就是，团队成员在所有同事面前，不得不做出接受新的任务或角色的挑战。同时，实践内容和过程强化了团队合作以及团队沟通。

来自体验过以上过程的员工的反馈显示，其在思考方式、认知能力以及最重要的行为模式上都有所突破。本书后面的内容将会涉及相关案例，而你将从这些案例中学习用以攻克艰难挑战、锁定有利机遇的方法。你不但可以学到这些方法，还将学习如何将这些方法有机地注入自己的团队中。

你可以对这一方法论充满信心，因为商业模式画布这一工具已经在各类营利性及非营利性组织中被广泛地应用了10多年的时间。商业模式画布作为管理工具，在线下载数量已突破500万次，并在全球上万家顶级企业中得到使用。[11]

第1章 13

确定你的团队使命或目标

许多组织以组织使命或组织目标的形式回答"做什么"以及"为什么要做"的问题。这些表达无一不是极尽语言之所能,描绘一个鼓舞人心的、让人印象深刻的组织目标,以引导组织及组织成员,同时又极尽语言之所能,让阅读之人不知所云。

多数类似的表达陷于两个极端之间。参考一下方框中的例子(这段话至今仍是一家价值10亿美元的百年企业用以表达其组织使命所使用的语言)。

我们坚定不移地致力于服务我们的客户。
我们的目标是为所有客户提供实质性的帮助。
我们聆听客户需求,并始终保持我们的行动与客户需求的一致性。
我们的目标就是改进客户的整体生活质量,成为客户康宁生活中值得信赖和依靠的伙伴。

这段话的含义很好,但空泛、模糊。这家企业是做什么的?从事服务行业还是制造业?是开展食品种植业务还是生产保龄球?或者是提供退休规划服务?其客户是哪些人?它存在的意义是什么?

许多组织没有使用简单、清晰的语言告诉我们它们存在的原因。上面提到的这家公司在长达一个多世纪的时间里,为全人类做出了杰出的贡献,但为什么不用简单易懂的语言告诉人们呢?比如:

> 致力于开发有效的、安全的、缓解疼痛的药物，以减轻人们因伤病而遭受的痛苦

或许你的工作与改写一个组织的使命无关（尽管这是一个很不错的练习和尝试），但很可能你的工作需要你向你的团队就团队使命做出新的表达——我们认为最好跟团队成员共同合作完成。这里给出一些小提示。

1. 简短易记

在上页的例子中，组织使命的表达使用了100个字，很容易被忘记。而改写后的版本只有32个字，而且很容易被记住。组织使命的表达只有在被人们记住的情况下才是有用的。

2. 讲清楚"做什么"以及"为什么"

上页例子中的组织使命表达既没有讲清楚企业是做什么的，也没有解释为什么要做这样的企业。改写后的版本精确地表达了企业所从事的领域，同时使得企业的使命呼之欲出。

3. 确定一个更高的目标

上页例子中除了"致力于服务客户"之外，就没有更高的目标了。相反，改写版本可以引领组织追求更高的目标——减轻痛苦。

4. 以第三人称表达

第一个例子是以第一人称表达的：每一个句子都是以"我们"或者"我们的"开头。但组织使命不是为了描述你的团队，而是为了描述你的团队能为其他人做些什么，所以最好以第三人称表达（除了我、我们或者你、你们，都可以）。

总的来说：有效的组织使命表达要避免使用行话或者含糊的语言，准确地向外界表达这个团队是做什么的，以及为什么这么做，明确提出一个更高的目标——团队是服务于他人，而不是服务于自己的。当然，组织使命之所以有价值，是因为组织忠实于它的使命。

组织目标的价值：20亿美元

海伦娜·福克斯（Helena Foukes）面临着职业生涯中最重要的决定，这也是她的东家所面临的重大的抉择。

福克斯的东家美国药品零售业巨头CVS集团，正在竭力解决一个困境：出于道德考虑，是否应该继续在售卖健康设备和药物的货架上保留香烟的位置？

这不是一个微不足道的决定。烟草销售每年为CVS集团创造20亿美元的收入。

最终，福克斯和她的团队决定以实际行动强化CVS的组织使命：将烟草及相关产品全部下架。

"这个决定成了一个符号，在公司内外产生了巨大的影响，"福克斯说，"我们是一家关怀人类健康的公司。"

Why CVS Quit Smoking, *The New York Times* July 12, 2015

周一早上开始尝试的事情

为帮助读者在自己的团队建设上起步,本书的每一章节都会安排**"周一早上开始尝试的事情"**部分,内容包括你可以立即动手实施的管理操作。

第一篇"周一早上开始尝试的事情"就在下一页。

为你的团队起草组织使命

在下面的方框内,为你自己的团队起草一段关于组织使命的表达,要求简短,最好将字数控制在15字以内。你可以参考前面的内容:①简短易记;②讲清楚"做什么"以及"为什么";③确定一个更高的目标;④以第三人称表达。

替代练习:在下面的方框内,写出你所在组织的组织使命或者组织目标。如何知道所写的内容是否符合前面列出的组织使命准则呢?如果你所在组织的最高管理者,要求你为组织编写一个新的组织使命或组织目标,你会如何写呢?

你能行！

即便在本书从印刷厂到零售商库房的运输过程中，书中所描述的一些商业模式可能也在发生着变化。组织会调整，团队会变革，个人也会转换自己的角色，甚至转身投入新的组织中去。不论是在组织、团队还是个人层面，商业模式都是不断变化着的，也理应如此。

这就是为什么本书聚焦于教你学会建立商业模式模型的过程，而不是鼓励你在团队或组织中追求所谓的"完美商业模式"。

使用商业模式模型意味着探讨组织的使命和战略。这确实容易让人产生畏难的情绪，特别是在你供职于一家大型企业的情况下。

但不要害怕！从当下开始就好。使用商业模式模型，既不需要你向其他领导者请求支持，也不需要扰乱组织内的既有流程。事实上，几乎任何一个领导者（不论其团队规模大小）都能够立即做到极大地提升团队合作质量并加强团队成员的自驱动性。只要继续读下去，你就能学习如何做到这一切。

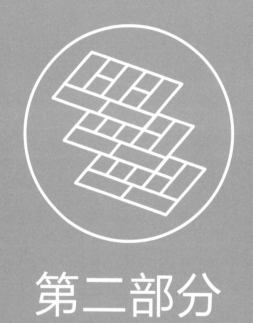

第二部分

商业模式

学习使用一个强大的工具,用以描述并分析组织、团队及个人的商业模式。

组织的商业模式

小小的逻辑调整引发的产业革命

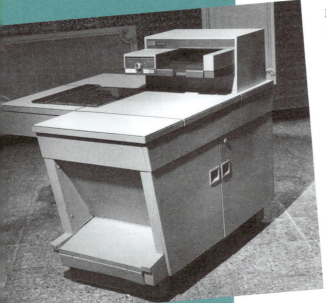

Photograph courtesy of Xerox Corporation

哈罗伊德摄影公司（The Haloid Photographic Company）在一个多世纪以前，成立于纽约曼彻斯特，是一家已被大众遗忘的企业。但是，在哈罗伊德历史上的一个关键时刻，一次并不复杂的商业模式转型彻底地使得这家企业跻身于世界级的科技厂商之列，燃起了一场信息共享的革命，创造了一个享誉全球的符号性品牌。

1958年，哈罗伊德公司发明了一台普通纸张影印机，并且认为这对于许多仍然依赖复写纸和特种纸影印机制作副本分享信息的大中型企业而言，无疑是一场革命。但是哈罗伊德的这台名为施乐914的设备，非常昂贵，体型相当于一台冷冻冰箱，重达648磅（接近294千克）。IBM，当时作为哈罗伊德这台施乐914的潜在设备制造合作伙伴，聘请了著名的阿瑟D.利特尔（Arthur D. Little）管理咨询公司就这台设备的市场潜力进行调研。利特尔的顾问在结论报告中写道："施乐914在办公文件拷贝市场是没有未来的。"[1]

第二轮市场评估由Ernst & Ernst咨询公司主持，得出的结论也没有比利特尔公司的调研结果好多少，但哈罗伊德公司十分坚持，并且坚信这台设备将会为有远见的客户创造巨大的价值。

不久，哈罗伊德的产品策划主管约翰·格拉文（John Glavin）突然想到，或许哈罗伊德可以改变设备的供应方式：与其要求客户一次性将昂贵的设备买下来，为什么不提供相对较低成本的租赁方式，在设备上安装计量装置，根据客户的实际影印数量计算并收取费用呢？这可以极大地降低客户的先期投入，同时让客户有机会体验设备的便利性。哈罗伊德管理层决定就这个模式进行尝试。

除了转为计量收费模式之外，任何东西都没变：设备完全没变，哈罗伊德的客户也没有变。但这次在盈利模式上的小小调整引发了业内商业逻辑上的变革。12年里，哈罗伊德的销售额从3000万美元飙升至12亿美元。[2]在这期间，哈罗伊德公司也换了新的名字——施乐。

新的影印机为企业带来了巨大的便利，使得信息得以以低成本快速地复制和分享（要知道，这一切都发生在个人电脑和互联网发明之前）。

客户踊跃使用这种令人惊叹的设备大量进行复制，当然也给施乐带来了数十亿美元的销售额。像施乐公司这样，将影印设备以低成本的租赁方式提供给客户，并依据实际影印的数量按月收费的新商业模式，数十年立于不败之地。

过时的商业模式

但麻烦来了。日本制造商发布了体积更小、更有竞争力的影印机。20世纪90年代早期，商用互联网接入服务被推向市场。1993年阿都比系统（Adobe System）将其PDF档案标准格式公布，供大众免费使用。渐渐地，数字化文件和互联网开始取代纸质文件，成为更受欢迎的复制及分享信息的媒介。施乐传统的影印机租赁商业模式开始变得过时了。

同时，施乐开始积极地投身数字化革命：发明或开发革新科技，如个人电脑、激光打印机、鼠标、图形用户界面和基带局域网规范（Ethernet）。[3]但施乐没有做到利用这些重要科技实现商业利润，反而被其他与施乐采用完全不同商业模式的公司搭了便车（其中最著名就是苹果公司）。

在之后的日子里，施乐轮番经历了各种技术进步、社会变革、经济波动的洗礼。无纸化办公、"绿色"革命以及竞争加剧引发的成本削减需求稳步地侵蚀着施乐赖以存在的影印机商业模式。[4]尽管施乐仍然是一家强大的国际级的科技集团，但至本稿编写之时，其市值已不足苹果公司的1/15，而后者仅仅是施乐公司科技成果的主要受益人之一。[5]

施乐不同寻常的发展史告诉了我们两个教训：第一，我们可以通过改变其商业模式，而彻底改变一家企业；第二，即便是最杰出的商业模式终究会有被淘汰的一天。由于科技进步加快、经济波动频繁和社会变革迅速导致市场竞争加剧，一个又一个产业用现实告诉我们，商业模式的生命周期越来越短。

在这样动荡的环境中，建立商业模式模型的能力对于普通领导者和有抱负的领导者而言，都是至关重要的。让我们一同进入商业模式画布的世界——它是一个非常有用的工具：能描述一家企业如何向其消费者创造并传递价值，并因此获得回报的完整逻辑路径。

第2章 25

商业模式对每个组织都非常重要，但如何描述一个组织的商业模式？如何对商业模式进行有效的表达？

商业模式画布就是解决上述问题的一个有效工具。

所谓"画布"就是在一张普通纸上打印出一个被划分为九个长方形区域的表格。

我们可以将"画布"理解为描述九个逻辑相关的元素之间关系的图示，而这九个元素正是大多数企业的基本要素。我们把长方形区域所代表的元素叫作模块。这些模块代表着企业有效运转所需的人员、场地、物资、无形资产以及经营活动。

将这九个模块看成一个紧密结合的整体可以帮助我们更好地理解组织目标，揭示组织内部的未被察觉的相互依存关系。

九个模块相结合完成对一个商业模式的描述，即一家企业赖以为客户创造并传递价值，并因此获得回报的完整逻辑路径。[6]

商业模式画布

关键合作伙伴
完成关键活动或向企业提供核心资源的人员或组织。

关键业务
创造、传达、销售或向客户传递价值主张所需完成的活动。

价值主张
通过服务或产品而使客户获得的利益（问题解决或满意度）。

客户关系
售后交流以确保客户满意度并向客户提供产品或服务的附加值。

客户细分
不论是否发生购买行为，从企业的价值主张获益的一个或多个相互独立的群体。

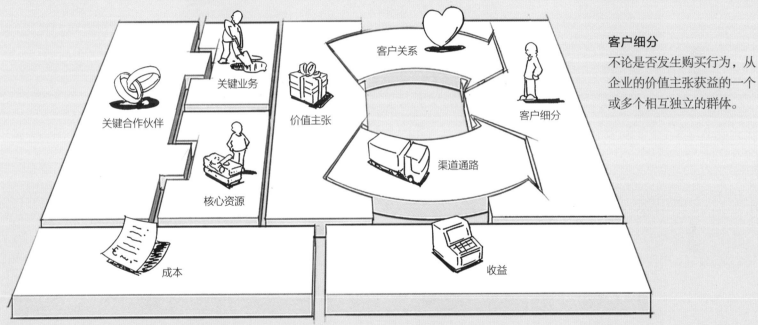

收益
客户为享受企业的价值主张付费，企业因此而获得的资本。

渠道通路
在传达、销售及向客户传递价值主张的过程中，企业与客户之间的接触点。

核心资源
为客户创造或传递价值主张过程中的关键人员、财产、资金或无形资产。

成本
为获得核心资源、完成关键业务或配合关键合作伙伴而产生的费用。

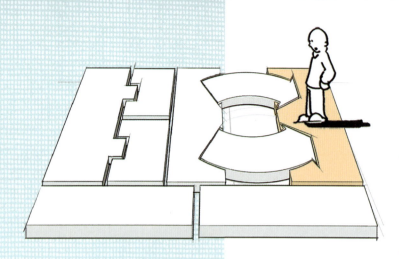

客户细分

客户是企业存在的原因。所有的组织——营利性的组织、非营利性的组织、社会组织、政府、法律组织、医学组织都服务于一个或多个不同的客户群体。有些组织喜欢将客户称作委托人或相关利益者。

有些企业不但向付费客户提供服务，也向非付费客户提供服务。例如，大多数谷歌的用户享受谷歌的服务却并不付费。但如果失去了这些数以百万计的免费用户，谷歌也无法向广告商收取费用了。因此，非付费客户对于一个商业模式的成功也可能是极其关键的。

有时候客户可能带来的不是收益而是成本，比如政府和医院有义务为无支付能力的"客户"提供成本高昂的服务。

关于客户细分的要点
- 不同的客户群体要求的价值主张也不相同，可能还需要不同的渠道和客户关系与之配套。
- 一家企业的客户可能是付费客户、非付费客户，甚至是成本诱导型客户（cost-inducing customers）。
- 企业从不同客户群体中获得的利润可能相差很大。
- 企业外部的客户存在于企业外部，企业内部客户存在于企业内部。

五阶段营销

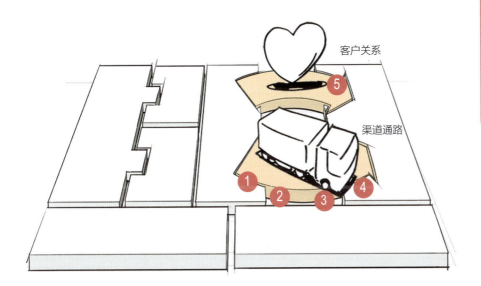

客户关系

渠道通路

5 跟踪随访

接触点

面对面、电话、聊天、Email、电话会议、网络、维基百科、邮递保修卡或回执、共创等

行动

询问客户体验、帮助客户解决使用产品或服务中遇到的问题、处理退换货、共同改进产品或服务、向客户介绍相关的其他价值主张

4 完成交付

接触点

线上/线下接收（服务）或者收取（产品）、包裹邮寄服务、数字传输、在线激活等

行动

面对面或线下完成服务，运输或交割货物、传输文件或激活账户等

1 创造意识

接触点

面对面销售、在线平台、标志系统、会展、宣传片、直接邮件、口碑、媒体发布会、纸媒、电视、广播等

行动

教育、告知、警示、促销、做广告

2 诱发评估

接触点

面对面销售或在线演示、试用或会谈、邮寄数字样品等

行动

提供赠品、试用装或样品、测试产品、纪念品

3 促成购买

接触点

线上、现场、面对面、呼叫中心等

行动

提供客户喜欢的支付方式及条款：现金、借记卡/信用卡、电子支付、银行转账等

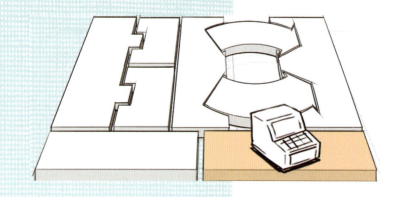

收益

客户对所购买的产品或服务感到满意（他们没有要求退货）时，企业获得的收入。客户支付偏好反映了客户真正愿意为哪项实际价值买单。

还记得哈罗伊德吗？在它将租赁式支付方式（月租金加以页数计量的费用）纳入其画布的"收益"模块后，它的业务量就爆发了。客户不愿意为了拥有一台昂贵的设备（一个产品）而支付高额费用，但他们愿意以更少但持续的付费方式获得按照自身需求复制并分享信息的能力（一项服务）。

付费形式可以有很多种：

- 资产售卖
- 租赁费或租金
- 订阅费
- 使用许可费
- 佣金
- 安置费或广告费
- 拍卖式动态定价

要确保正确区分付费形式（租赁vs.买断）和支付方式（信用卡vs. PayPal）。有时候支付方式的变化也会对收入产生很大的影响。

核心资源

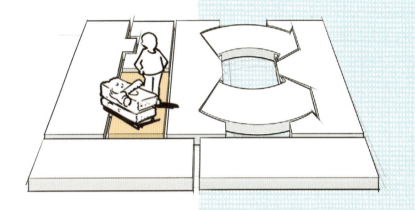

在确定核心资源的时候,只选择那些真正直接影响企业创造、销售及传递价值主张的资产,忽略那些仅产生间接影响的所有企业都有的如桌子、电脑等资产。

企业的资源包括如下四个类型:

人力资源

熟练工或非熟练工,包括正式雇员、外包商、临时工、专业服务提供商。

有形资产

车辆、电脑、建筑物、土地、设备、家具、工具、物资。

无形资产

品牌、方法、系统、软件、专利、版权、特许经营权。

资金

现金、股票、应收款、信用限额、金融担保。

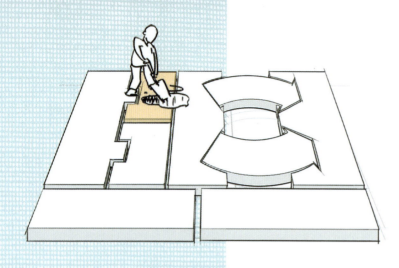

关键业务

关键业务是指一个组织为了使自身的商业模式得以运转而必须做到的重要的事情,尤其要优先保证完成与其创造、销售及传递其价值主张有关的活动,接下来是要保证完成让客户满意的活动。将关键业务分为如下三类会帮助你思考:

制造
这类活动包括设计、开发、制造、解决方案的制订以及服务提供或产品交割(服务的消费与交割是同时发生的)。

销售
这类活动包括针对某项服务或者产品(或对企业本身)进行宣传、展示、促销或做广告。

支持
这类活动包含直接与制造以及销售相关的活动以外的活动,比如管理、财务或网络维护。

关键合作伙伴

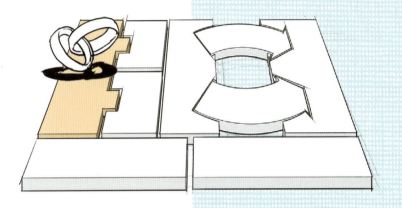

许多企业发现，拥有全部的核心资源或自己完成全部的关键业务，要么成本高，要么效率低，因此它们会寻找能够为优化商业模式提供帮助或提供核心资源的合作伙伴。

注意：关键合作伙伴不一定是指供应商。这是因为供应商将企业当作客户，通常通过相互竞争赢得企业的合作，因此供应商是可以被相互替代的，而关键合作伙伴却无法轻易被获得或者替代。企业可能需要与其他企业竞争以获得关键合作伙伴。

但有的时候，供应商刚好就是关键合作伙伴。苹果与富士康之间的关系就是一个案例。

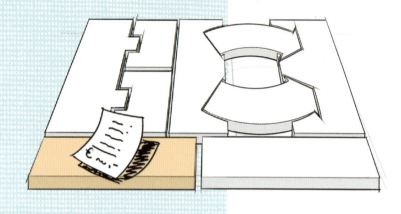

成本

成本是指获得核心资源、完成关键业务或获得关键合作伙伴过程中产生的费用。将这三个模块中的元素确定之后,一个商业模式的常规运营费用就可以大致计算出来。[8]

只有收入一直保持在成本之上(或至少持平)的商业模式是可持续的。从收入中减掉成本就可以计算出一家企业的利润。

成本包括:

- 固定成本:工资、租金。
- 可变成本:产品或服务的成本、视情况而定的劳动力。
- 非现金成本:摊销成本、商誉、外部性。

以上九个模块共同定义了一个商业模式,而这个描述的过程就是通过商业模式画布实现的。[9]

本书中使用的商业模式画布,已由《商业模式新生代》的创作者及Strategyzer公司授权,并已获得创作共享许可证。

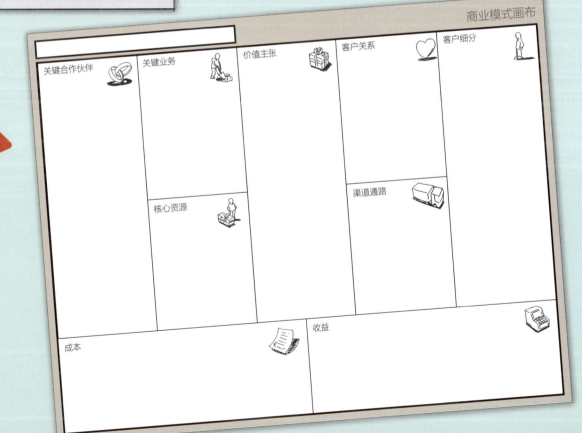

哈罗伊德影印机的商业模式

下页图中的商业模式画布描述的就是高度凝练的哈罗伊德公司的商业模式。对照下面的文字看一看。

客户

客户是指企业内负责办公操作的部门、政府办公部门、医疗设备企业以及其他存在客户基础的大中型企业。

价值主张

哈罗伊德使操作简便、成本低廉的信息共享方式成为可能。"价值"意味着给客户带来好处，而好处常常是无形的。在这里，设备租赁比设备买断更能带给客户好处。

渠道通路以及客户关系

影印机一经安装，即开始在该商业模式的渠道模块上发挥交付机制的作用。客户关系由上门调查客户满意度或者排查设备故障的技术人员以及销售人员负责维护。

收益

收益包括客户支付的租金、计量收取的影印费、物料费以及服务费等。客户对租赁支付的偏好说明，客户注重的是服务而非设备所有权。

核心资源

哈罗伊德的核心资源包括静电复印术专利（electrophotography，也称作xerography）及其他相关发明、杰出的技术专业度、良好的声誉以及优秀的管理者及工程师。

关键业务

影印机的生产、维护以及租赁合同的销售是三项最重要的活动，其次重要的是研发活动。值得注意的是，总体而言，关键业务创造价值，但这些业务并不能直接为客户创造价值。

关键合作伙伴

部分专利由巴特尔纪念研究所（Battelle Memorial Institute）提供。

成本

主要成本包括工资、产品制造成本、厂房及设备的租金以及库存质押成本。

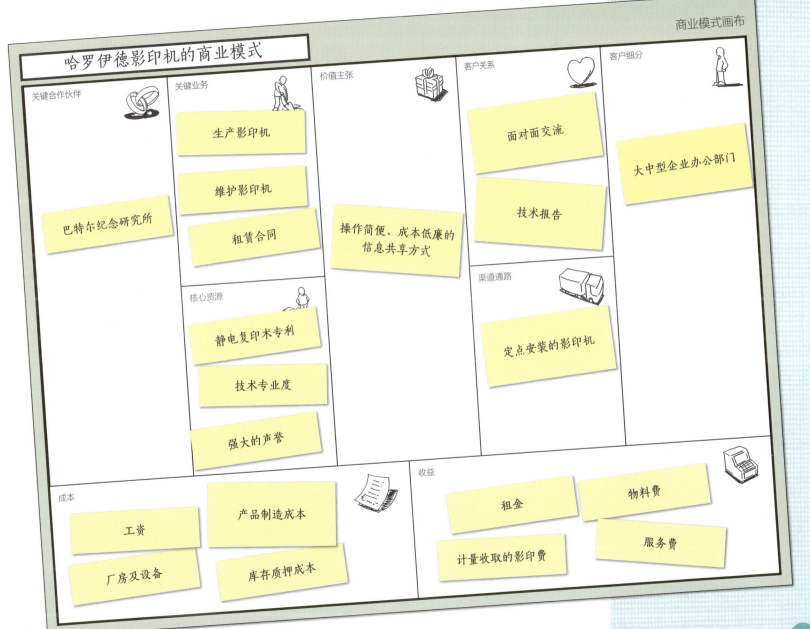

利用商业模式强化团队合作

商业模式是组织战略的基础，决定着组织战略的成败。想了解更多关于商业模式的内容，本书第250~251页有推荐书目及相关的教学课程等资料。

通常商业模式的建立都聚焦在战略上，即研究如何最大化客户的收益。毕竟，惠及客户是企业的主要目标。因此，员工是否理解企业的目标，是否理解客户的重要性，关乎企业的存亡。毕竟，客户是最终为企业买单、支付员工工资的人。

但商业模式建模还有一个与决定企业战略同等重要的作用：建模过程可以让员工理解自身工作的重要性，从而加强内部团队合作。

以史蒂夫·布朗（Steve Brown）的餐厅Modello的运营为例。跟大多数餐厅一样，Modello餐厅被划分为两个部分：用餐区（即前厅）和厨房/洗碗区（即后厨）。用餐区就像商业模式画布中的右半部分的模块，即面向客户的部分。厨房/洗碗区就像商业模式画布左半部分的模块，即客户看不到的内部运营。

值得注意的是，同其他大多数组织一样，Modello餐厅的大部分员工是不直接面向客人的（我们将这些客人称作"外部客户"）。他们的工作主要面向他们的同事（我们称作"内部客户"）。

餐厅里每个员工的工作任务都很明确：洗碗工人负责清洁并及时补给餐具和厨具，服务生负责点单和上菜……但重要的是，员工需要理解自己的活动会如何影响客户。

团队合作表可以将每个人的角色、任务以及任务完成结果的好坏表示出来，并可以用来描述每个员工对客户施加的影响。它还可以清晰地向员工展示他们的工作是多么重要。

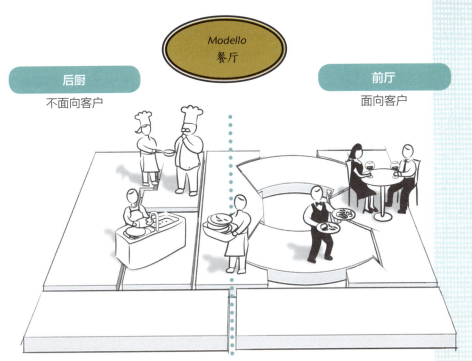

	角色	任务	任务完成的结果	任务失败产生的后果
面向客户的员工	侍者	准确并礼貌地为客户点餐并下单、上菜、结账、收款	正向的用餐体验、丰厚的小费	令人不满的用餐体验，小费少，社会媒体的负面评价时有出现
面向客户的员工	碗碟清理工	清理碗碟、清洁桌面及椅子	客人因享受整洁的餐桌布置提升用餐体验，给予丰厚的小费	餐桌布置脏乱破坏用餐体验，小费少，社会媒体的负面评价时有出现
不面向客户的员工	主厨	设计菜单并确保其被正确执行	美味的食物，客人获得便利、获得享受	令人失望的用餐体验，客户流失，小费少，社会媒体的负面评价时有出现
不面向客户的员工	厨师	按照菜单的要求正确地、持续地备料	可预期的正向用餐体验、丰厚的小费	不可预测的用餐体验，客户流失，小费少，社会媒体的负面评价时有出现
不面向客户的员工	洗碗工	清洗餐具	给客人留下整洁干净的好印象、丰厚的小费	餐具不洁破坏客户体验，小费少，社会媒体的负面评价时有出现

开发"情境悟性"

对于像Modello餐厅这样运营良好的餐厅，其员工都会自然而然地发展出良好的知觉情境的能力（我们称作"情境悟性"）。员工之间相互交接着工作任务，因此他们必须通过相互配合才能起到应有的作用，同时来自同事、用餐者、管理者以及社会媒体的反馈会非常迅速。在Modello餐厅，小费是在全体员工之间平均分配的，因此每一班工时结束后，每个当值的员工都可以清楚地知道用餐者对整个团队表现的满意程度。

但小费只能反映一部分信息。在Modello餐厅，没有任何一个员工的工作范围覆盖全部三项关键业务，因此要充分地了解大家工作的综合效果，员工需要从各自的角度出发共同讨论这一班次中发生的事情。这个过程可以帮助员工发展出情境悟性。

在许多组织中，有机会直接与客户接触的是极少数人。一个员工的工作成果可能会以数据形式传送给相距遥远的同事。客户反馈也许几个星期或者几个月后才能收到，盈利情况最快也要一个季度才公布一次。因此，情境悟性以及有力的团队合作常常很难建立。

更具挑战的是，当客户需要的产品或服务非常复杂时，任务被划分得非常细，具体到每一个员工，进而无法从整体上把握这个产品和服务。员工可能无法理解自己团队所创造的价值，或者究竟哪些客户会因他们的劳动而获益。因此，一点都不难理解，员工为何独自在各自的格子间里工作着，为何不知道自己的工作能使谁获益、如何获益。

商业模式画布和团队合作表的使用让员工得以从企业运营的角度出发定位自己的工作，理解自己的日常活动是如何使得客户获益的。这可以引发员工间更好的合作，引发员工的自发行动。这能够将领导者从问题解决和冲突调解中解放出来，使其花更多的时间提升领导力。

在后面的章节中，你会学到更具体的使用商业模式画布和其他第三方工具的方法，它们能够加强你的团队的情境悟性，帮助员工降低对主管或管理者的依赖，尽量自己解决问题。

下面，思考一个很关键但经常被忽视的组织模型要素——外部性。

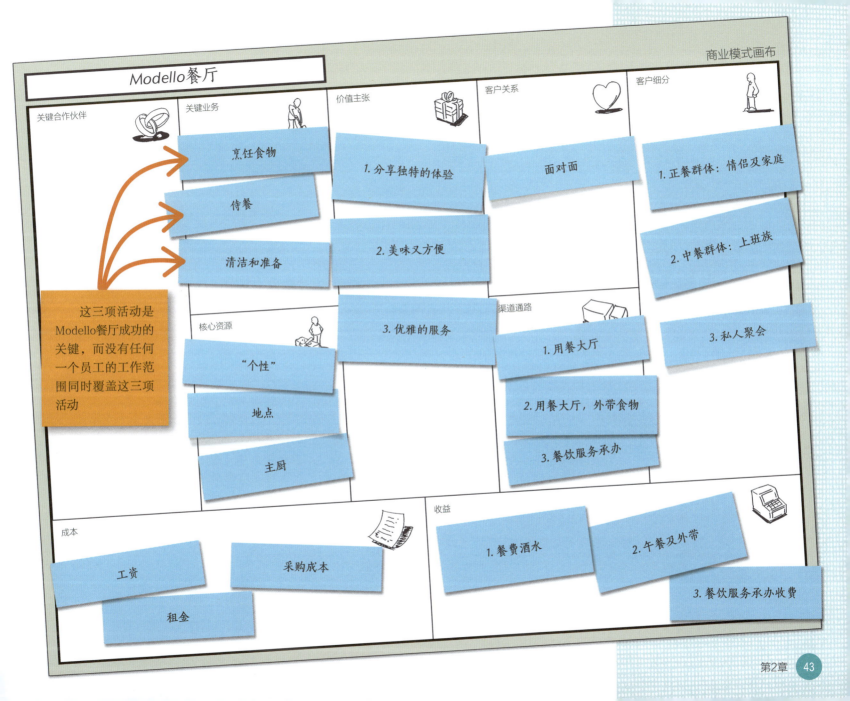

看到全局

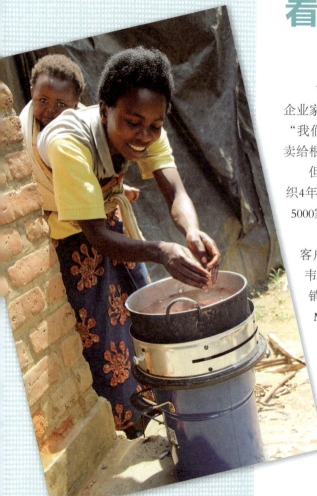

"回顾起来，我们做的事情很傻，"企业家本·韦斯特（Ben West）轻声说道，"我们建立了一个跨国组织，企图把产品卖给根本没钱的人。"

但在他建立了这个看起来不会成功的组织4年后，韦斯特的公司EcoZoom，在全美5000家成长最快的私有企业中排名第768位。

韦斯特的职业生涯从一家货运公司的客户经理开始，很成功却毫无成就感。韦斯特决定要提升自己的分析能力和营销技巧，于是他离开了这家公司去读MBA。他发觉自己对社会创业十分感兴趣，并加入了学校的企业家赋能项目。他在那里产生了一个想法：为发展中国家生产一种能够高效燃烧木头的炉子。

但由于韦斯特所在的大学一门心思聚焦于创业计划大赛和拉赞助，韦斯特根据其设想进行的模型测试失败了。然而，具有讽刺意味的是，他最终被这个企业家赋能项目开除了。

韦斯特没有被吓住，他继续努力与两个合伙人一起建立了EcoZoom，一家被认证为B级的社会创业公司。从那之后，EcoZoom向34个国家输出了65万台炉子。这些炉子以食物烹煮为主要功能，性能稳定，同时可以促进健康，减少有毒气体排放，为发达国家上百万人口节约了生活成本。

"我需要完整地看到一个商业模式，能够把各元素之间的全部相互依存关系都可视化，"韦斯特说，"商业模式画布可以实现这种可视化。同样重要的是，它将非财务利益体现了出来，这也是我们的商业模式存在的真正目的。"

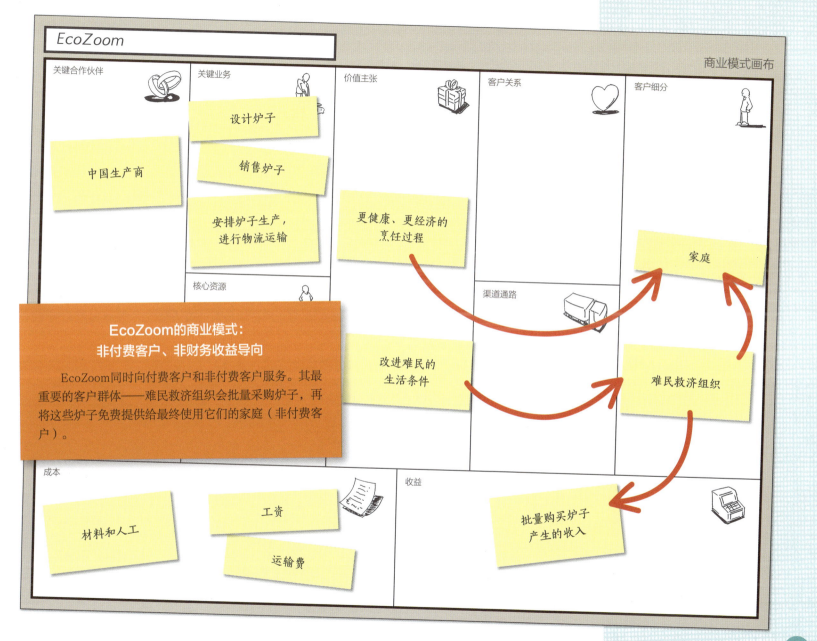

外部性：正外部性和负外部性

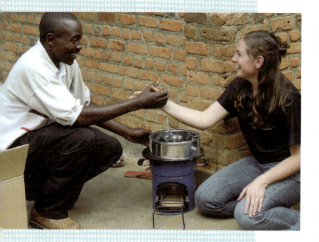

作为一家社会创业企业，非财务收益导向根植于EcoZoom商业模式的核心，是其企业目标的表达方式。比如，使用低效燃烧的炉子，使用者吸入的烟量相当于一天吸两包香烟，这可能导致每年引起400万人死亡的疾病产生——比疟疾和肺结核导致的死亡者人数加起来还多。此外，燃烧排出的烟还会影响使用者周围的人，从而产生负的外部性，也就是会使并未打算使用这类炉子的人付出成本。EcoZoom的炉子通过大幅度降低排烟量实现了非财务收益导向模式（正外部性）。

相似地，对木头燃料和木炭的大量需求会加快森林采伐，而且不充分燃烧排出的烟中还含有甲烷、二氧化碳和其他温室气体。EcoZoom的炉子能够减少这些物质的排放。

EcoZoom的炉子有多个正外部性。例如，低收入家庭可能需要花费家庭月收入的30%在购买甲烷或其他传统燃料上，这进一步加剧了能源衰竭循环。同时，一些妇女、儿童每天要花好几个小时在收集燃料上，这样他们就没有时间上学或从事其他有意义的活动。

你可以简单地在商业模式画布"收益"模块下面加一个新的模块，统计该商业模式的正外部性，在成本模块下列出负外部性。

明确外部性

如果你供职于政府、医疗机构、军队或与法律有关的机构、教育机构、非营利机构，正外部性和非付费客户可能是你最关心的问题。如果你从事工业生产，那么负外部性，如污染和噪声，可能是最重要的考量。运用商业模式画布可以完整地把握整个商业模式。

接下来，想象一个全新的商业模式，所有与客户发生的互动都会通过网络进行——很可能你已经是这样一个商业模式的用户了。

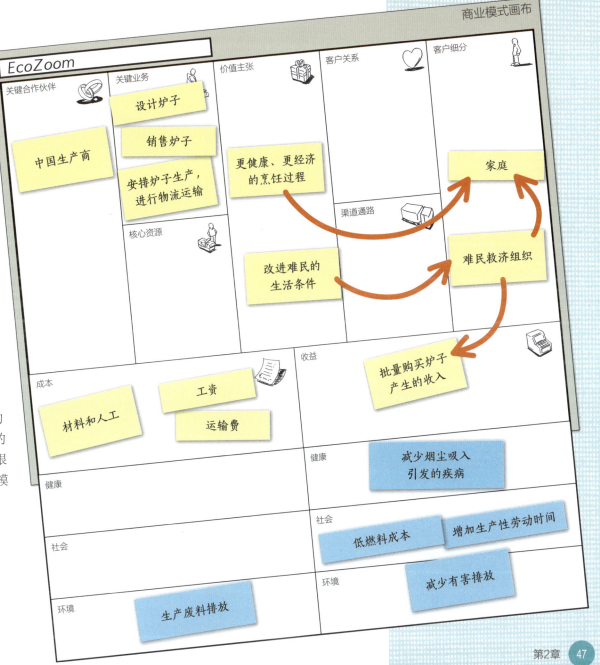

在线商业模式

你已经作为客户在享受这个商业模式——Facebook提供的服务了。大多数人已经很熟悉Facebook了,但有多少人理解作为一家企业,它是如何运营的呢?画一张Facebook的商业模式,你将会大开眼界。

看一下本页的商业模式画布(为了帮助理解,每一个模块中都有提示性的问题)。然后准备一些便利贴和一支笔,试一下你是否能画出Facebook的基本商业模式。下面给出一些提示:

- Facebook的最基本服务,暂时忽略细节部分
- 先确定两个不同的客户群体,以及Facebook对它们的价值主张分别是什么
- 在每一个商业模式模块中,只使用一张便利贴。每张便利贴最多包含三个词语
- 暂时忽略"关键合作伙伴"这个模块

先尝试自己完成Facebook的商业模式画布,然后再翻页。

Facebook

关键合作伙伴
- 我们的关键合作伙伴是谁?
- 他们向我们提供何种核心资源,或者他们帮助我们开展何种关键业务?
- 他们提供了我们的商业模式中必不可少的哪种东西?
- 关键合作伙伴创造收益的方式:
  - 最优化或最经济
  - 降低风险或不确定性
  - 提供他人没有的资源或他人无法完成的活动

关键业务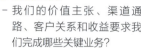
- 我们的价值主张、渠道通路、客户关系和收益要求我们完成哪些关键业务?
- 关键业务的种类:
  制造:设计、开发、生产、解决方案、输送
  销售:教育、推销、展示、促销、广告
  支持:管理、维护、监督,以及其他支持生产或销售人员的活动

核心资源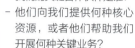
- 我们的价值主张、渠道通路、客户关系和收益所要求的资源有哪些?
- 核心资源的四种类型:
  人:熟练工人
  有形资产:车辆、建筑、土地、设备、工具
  无形资产:品牌、方法、系统、软件、专利、版权、特许经营权
  资金:现金、股票、应收款、信用限额、金融担保

成本
- 我们最大的成本是什么?
- 哪些核心资源或关键业务花费最大?
- 我们会产生哪些负外部性?
- 成本类型:
  固定成本:工资、租金
  可变成本:产品或服务的成本、视情况而定的劳动力
  非现金成本:摊销成本、商誉、外部性

商业模式画布

价值主张
- 我们为客户提供哪些收益?

比如:

功能型
- 降低风险
- 减少成本
- 便利性或可用性
- 增强性能
- 能完成某项特殊任务

情感型
- 带来享受或者乐趣
- 被接受
- 归属感
- 被赞赏
- 安全感

社会型
- 提高社会地位
- 彰显品位
- 吸引力

客户关系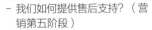
- 我们如何提供售后支持?(营销第五阶段)
- 我们当下的客户关系是哪一种?

例如:
- 上门服务或电话支持
- 自动邮件或使用网络窗体(web form)自助服务
- 远程人工服务,通过Email、聊天工具、Skype等
- 用户社区或维基
- 与客户合作共同创作
- 客户期待与我们建立或保持哪些其他形式的关系?

渠道通路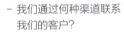
- 我们通过何种渠道联系我们的客户?
- 哪些渠道最有效?
- 是否存在其他渠道让客户更喜欢?
- 营销阶段1~4
  1. 知觉:潜在客户如何发现我们?
  2. 评估:我们如何诱发潜在客户对我们进行评估?
  3. 购买:客户如何完成购买?
  4. 交付:我们如何交付?

客户细分
- 我们使哪些人受益?
- 哪些客户为我们带来的收益最大?
- 就战略而言,谁是我们最重要的客户?
- 我们客户的客户是谁?

收益
- 真正让我们的客户愿意付费的受益是什么?
- 他们的付费形式是什么?
- 他们喜欢的支付手段是什么?
- 每个客户贡献的收益是多少?
- 我们产生的正外部性有哪些?
- 付费形式有哪些?

比如:
- 资产售卖
- 租赁费或租金
- 订阅费
- 佣金
- 安置费或广告费
- 拍卖式动态定价

Facebook的商业模式

你该如何做？这里列出一些要点，以提供画出Facebook商业模式画布的其中一种思路：

客户细分

Facebook有两个主要的客户群体：①使用Facebook服务而不付任何费用的人；②付费发布广告、推广内容或进行市场调查的人。Facebook的商业模式依赖数以亿计的非付费用户共同构成的巨大的发布广告的潜在市场。任何一个注册Facebook账户的人都自动成了客户。超过99%的客户是不为服务付费的。

价值主张

Facebook赋予客户与朋友、家人"连接和分享"的能力。Facebook为发布广告的人带来的主要是销售机会、品牌曝光、目标市场调研或其他以吸引新客户或增加现有客户购买为最终目的的活动。

渠道通路

Facebook仅通过网络向客户传播、销售和传递其价值主张。客户通过各种设备使用Facebook的服务（智能手机、平板电脑、个人电脑）。注意，Facebook同大多数企业一样，使用同一个渠道服务于新客户和既有客户。

客户关系

Facebook仅通过自动信息或邮件与消费者（注册用户）沟通。Facebook对小的广告发布方同样使用自动信息和网络窗体交流，而对于较大的广告发布方则使用定制邮件、电话或人工服务进行沟通。

收益

消费者不支付任何费用，而发布广告方要为面向Facebook用户发布的广告或其他内容支付版面费。大多数广告位都是由发布广告方直接通过网络窗体自助购买的。

核心资源

Facebook的平台（软件、算法、数据库、服务器阵列以及以Facebook.com为品牌的网站）是其公司唯一重要的资产。介绍一个思维实验可以帮助识别核心资源：如果明天Facebook公司裁员500人，结果会如何？公司会垮掉吗？它的股票会崩盘吗？反过来，如果明天突然间Facebook网站有两个小时无法登录，结果又会如何？

关键业务

保护和开发平台是Facebook公司的关键业务。记住，关键业务是指那些对创造、销售以及交付企业价值主张而言不可或缺的活动。财务活动以及内部计算机系统维护等活动，尽管重要也都是第二位的。

关键合作伙伴

Facebook的核心服务提供似乎并不依赖任何合作伙伴（它在成长过程中曾获得了很多合作伙伴）。对于其提供的新服务和更个性化的服务来说，应用程序开发方就成了关键合作伙伴兼客户（或客户）。

成本

同大多数企业一样，工资是Facebook最大的单项成本。Facebook公司还需要承担巨大的基础设施成本和能源消耗成本。

现在，请做好准备用商业模式画布来描述你所在的组织。

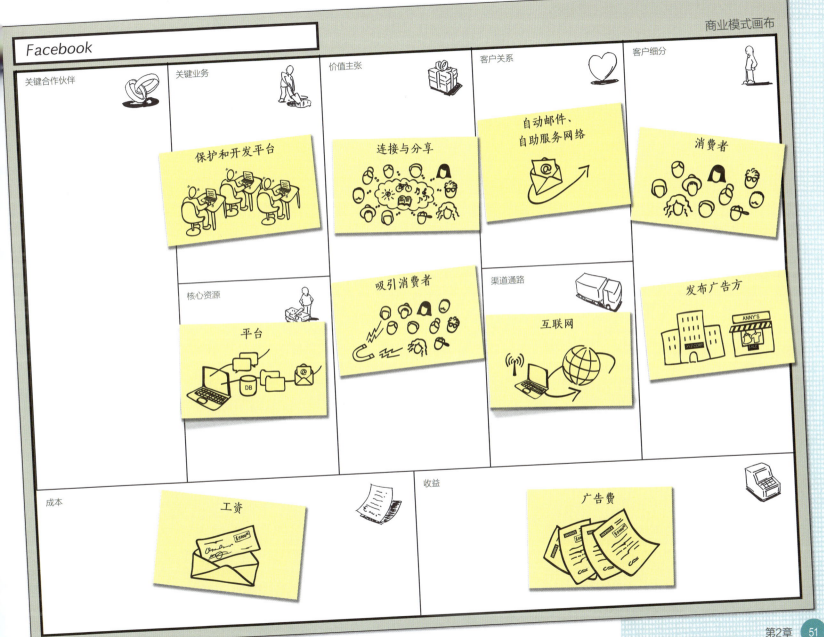

如何使用商业模式画布

你注意到了吗？从商业模式角度来看Facebook公司使我们得到了一个与流行观点相反的结论。了解Facebook以平台为核心的特点，以及它高度自动化的渠道和客户关系，对于其公司运营的理解就更加接近现实。除非我们能够以严谨的逻辑审视Facebook的商业模式，否则我们对它的理解都将建立在假设而非现实的基础上。

这也说明，用画布描述一个商业模式通常意味着把假设和事实都记录其中。教会人们以通俗易懂的词汇定义一个组织的核心逻辑比模型本身是否"正确"更加重要。这个逻辑中很可能也包含着有待未来验证的假设。

以下是一些使用商业模式画布的通用指南：

画布面积要大
打印一张A1纸大小的（大约60cm×90cm）或更大的画布，避免使用人们日常工作中使用的标准尺寸的纸张（A4纸/信纸）。画布面积大可以拓展思维，让相互配合变得更加容易。

合作
在描绘和分析商业模式时，邀请同事和/或客户、供应商、潜在客户或第三方专家一起参加。把代表不同视角的人聚集在一起（不同年龄、职业、企业中其他职能部门等），可以产生更好的结果。运用你创建画布的过程形成你希望在工作环境中发生的合作行为。

使用便利贴
在便利贴上写要点，不要直接在画布上写。便利贴便于修改、删除或移动到新的位置上，这也可以提醒所有人，商业模式是变化的（会过期）。

使用图画
如果可以，运用简单的图画，以配合文字帮助理解。

ENTREPRENEURS

在每张便利贴上只写一个要点
在每张便利贴上写一个清晰、明确的要点。一张便利贴上不要使用多个句子，把要点分开列，从而便于移动。

用不同的颜色代表不同的内容，而不是装饰
使用不同的便利贴代表不同的客户群体，区分事实和假设或者代表对某一个特定模块的修正建议等，避免出于装饰目的使用不同的颜色。

避免"孤立"的要点
所有的便利贴都应该与其他模块中的元素有关，避免"孤立"的要点。

初学者尽量简化
首次使用画布描绘商业模式的时候，应保持画布的简单和整洁。当你能够熟练把握这套逻辑时，再开始加入细节。

把画布贴在墙上而不是桌子上
只要可能，把画布贴在墙上而不是桌子上。这是因为人们站着的时候思考更有效！

用词准确
例如，关键业务应使用动词"售卖"（sell）而不是"销售"（sales）。

使用粗的黑色马克笔，不用普通笔或铅笔
使用粗的黑色马克笔，而不是普通的笔或铅笔。这样，当参与讨论的成员站得较远时，也能轻易阅读。

区分事实和假设
区分事实和假设，如此可以提醒大家假设需要最终被检验。

保持同一时态
避免在同一张画布中混合使用现在时、过去时和将来时，保持同一时态，用不同的画布描绘对于过去、现在和将来的情境。

宣讲商业模式画布时一次加一张便利贴
向其他团队成员陈述商业模式画布的时候，从一张空白的画布开始，在讲述商业模式"故事"的过程中，一张一张地把便利贴加进去，逐个建立模块。这远比顺序讲解一个已经贴满便利贴的画布更加有效。

周一早上开始尝试的事情

试着为你所在的企业建立模型

现在轮到你了：使用商业模式画布描绘你所供职的企业的商业模式。每一个模块中有提示性的问题为你提供思路，或者，你可以自己打印一张画布模板（在BusinessModelsForTeams.com注册后，可免费下载）。模板中包含提示性问题（字体很小，以提醒你使用的画布面积要大）。

关键合作伙伴
- 我们的关键合作伙伴是谁？
- 他们向我们提供何种核心资源，或者他们帮助我们开展何种关键业务？
- 他们提供了我们的商业模式中必不可少的哪种东西？
- 关键合作伙伴创造收益的方式：
  • 最优化或最经济
  • 降低风险或不确定性
  • 提供他人没有的资源或他人无法完成的活动

关键业务
- 我们的价值主张、渠道通路、客户关系和收益要求我们完成哪些关键业务？
- 关键业务的种类：
  制造：设计、开发、生产、解决方案、输送
  销售：教育、推销、展示、促销、广告
  支持：管理、维护、监督，以及其他支持生产或销售人员的活动

核心资源
- 我们的价值主张、渠道通路、客户关系和收益所要求的资源有哪些？
- 核心资源的四种类型：
  人：熟练工人
  有形资产：车辆、建筑、土地、设备、工具
  无形资产：品牌、方法、系统、软件、专利、版权、特许经营权
  资金：现金、股票、应收款、信用限额、金融担保

成本
- 我们最大的成本是什么？
- 哪些核心资源或关键活动花费最大？
- 我们会产生哪些负外部性？
- 成本类型：
  固定成本：工资、租金
  可变成本：产品或服务的成本、视情况而定的劳动力
  非现金成本：摊销成本、商誉、外部性

商业模式画布

价值主张
- 我们为客户提供哪些收益?

比如:

功能型
- 降低风险
- 减少成本
- 便利性或可用性
- 增强性能
- 能完成某项特殊任务

情感型
- 带来享受或者乐趣
- 被接受
- 归属感
- 被赞赏
- 安全感

社会型
- 提高社会地位
- 彰显品位
- 吸引力

客户关系
- 我们如何提供售后支持?(营销第五阶段)
- 我们当下的客户关系是哪一种?

例如:
- 上门服务或电话支持
- 自动邮件或使用网络窗体自助服务
- 远程人工服务,通过Email、聊天工具、Skype等
- 用户社区或维基
- 与客户合作共同创作
- 客户期待与我们建立或保持哪些其他形式的关系?

渠道通路
- 我们通过何种渠道联系我们的客户?
- 哪些渠道最有效?
- 是否存在其他渠道让客户更喜欢?
- 营销阶段1~4
  1. 知觉:潜在客户如何发现我们?
  2. 评估:我们如何诱发潜在客户对我们进行评估?
  3. 购买:客户如何完成购买?
  4. 交付:我们如何交付?

客户细分
- 我们使哪些人受益?
- 哪些客户为我们带来的收益最大?
- 就战略而言,谁是我们最重要的客户?
- 我们客户的客户是谁?

收益
- 真正让我们的客户愿意付费的受益是什么?
- 他们的付费形式是什么?
- 他们喜欢的支付手段是什么?
- 每个客户贡献的收益是多少?
- 我们产生的正外部性有哪些?
- 付费形式有哪些?

比如:
- 资产售卖
- 租赁费或租金
- 订阅费
- 佣金
- 安置费或广告费
- 拍卖式动态定价

你团队的下一项任务

　　任何一个组织都希望自己的所有员工都能够理解自己的商业模式,不是吗?任何一个组织都希望其商业模式被写进员工手册里,每一个新入职的员工都会接受关于商业模式的培训,不是吗?

　　但是,极少数企业能够将商业模式渗透得如此深。大多数企业仍然认为商业模式只对公司战略和管理层才是重要的。但是在本书中,你将认识许多有着先进理念的组织,它们运用商业模式建模鼓励团队合作,吸引和留住有才能的员工,提高员工忠诚度、员工和客户的满意度。

　　供职于大型组织且热衷商业模式建模的人可能对于高层管理者没能在整个组织中就商业模式进行清晰的传达,没能前摄性地就商业模式进行培训而感到沮丧。你所供职的组织中存在这个问题吗?

　　你可能还没有处在能够了解整个组织的商业模式的位置上,但你所处的位置可以让你定义你所在团队的商业模式并确保你的团队成员都理解这个模式——更重要的是,要运用团队模式指导每天的工作。

　　下一章将介绍这些内容。

第 3 章

团队的商业模式

我帮到了谁

每一家企业都有商业模式，商业模式画布以一个篇幅展示了整个企业的运营。相似地，大多数企业都由团队组成，商业模式画布可以以一个篇幅展示某一个团队是如何在企业内部运作的。本章将介绍如何描述一个团队的商业模式。从回答两个关键问题开始，所有员工应该都曾经问过自己这两个问题。第一个问题是：我帮到了谁？换句话说，谁是我的客户？

谁是我的客户？

想想自己工作时的情境。你的主要客户是决定购买你的服务的人。如果你是Modello餐厅的一名员工，史蒂夫·布朗就是你的主要客户，因为他决定通过雇用你而购买你提供的服务。史蒂夫是一个内部客户，因为你和他为同一个组织工作。

那么，谁是史蒂夫的主要客户呢？史蒂夫的主要客户是在Modello餐厅用餐的人，因为他们决定购买他的餐厅的食物。用餐的人是外部客户，因为他们不为史蒂夫所在的组织工作。

"谁是我的客户？"这是一个关键问题，因为极少数人会仅仅因为帮助了自己而获得满足感。从本质上而言，人们渴望通过工作帮助他人。帮助他人可以触发人类行动的四大激发因素之一——目标。

通常来说，对外部客户的目标容易确定。例如在Modello餐厅，侍者和女招待会通过帮助用餐者享受一个特殊的夜晚，或者通过提供一顿促进群体关系的优雅晚餐而获得一手的体验。但相对而言，帮助内部客户的人，比如厨师和洗碗工，更难了解自己的工作如何帮助到了他人。

两个团队都为Modello餐厅服务
（一个内部客户）

厨房团队服务于内部客户

用餐区团队服务于内部客户和外部客户

Modello 餐厅

我是如何帮助他人的

以一个洗碗工为例，他明白自己的工作帮助了餐厅，但对他而言，餐厅只是一个不具人格的存在。如果他能够理解自己具体帮助到了哪些人——那些他每天工作中都会见到的厨师和侍者，那么这个帮助对象就变得具体且人性化了。这就是为什么让每一个员工都理解自己的工作具体令哪些团队成员受益会如此重要，而不仅仅是理解其工作仅令组织受益。

第二个所有员工都会问自己的关键问题是：我是如何帮助他人的？如果一个洗碗工能够理解厨师和侍者有多么依赖这些干净的厨具和餐盘以完成自己的工作，他就能理解团队合作的核心——相互依赖了。通过帮助团队其他成员，他获得了更强烈的目标和对工作的满意度。时间久了，他便开始明白自己的活动是如何为餐厅的成功运营做出了贡献。

本页的团队合作表描述了各厨房团队成员的角色、任务、服务对象、任务完成的结果、任务失败的后果。

后厨团队合作表

角色	任务	内部客户	任务完成的结果	任务失败产生的后果
主厨	设计出色的菜单并及时升级	Modello餐厅（史蒂夫）	好的声誉、财务收益	名誉损失和财务损失
主厨	培训和监督	厨师	更强的专业技能、丰厚的小费	小费少，社会媒体评论差
主厨	讲解菜单，训练侍者推荐菜品，避免过敏反应	侍者	回头客、丰厚的小费	外部客户流失，小费少，社会媒体评论差
厨师	按照菜单的要求正确地、持续地备料	Modello餐厅（史蒂夫）	好的声誉、财务收益	名誉损失和财务损失
厨师	按照菜单的要求正确地、持续地备料	侍者	回头客、丰厚的小费	外部客户流失，小费少，社会媒体评论差
洗碗工	迅速彻底地清洗餐具和厨具	Modello餐厅（史蒂夫）	良好的印象	负面印象
洗碗工	迅速彻底地清洗厨具	厨师	顺利开展工作	工作被延迟，产生挫败感
洗碗工	迅速彻底地清洗餐具	侍者	消除在清洁问题上的投诉，所得小费丰厚	不可预期的用餐体验，客户流失，小费少，社会媒体评论差

一个领导者最重要的任务就是帮助团队其他成员明白为什么他们的工作对其他人而言很重要。[1] 理解团队合作的人会建立起自我组织和自我驱动的内在基础。接下来，就是学习如何运用商业模式画布描绘团队的商业模式。

如何描绘团队的商业模式

描绘团队的商业模式是一个很明确的过程，但并不容易！

首先要确定团队的客户。这是建立团队商业模式最重要的一步，因为我们大多数人并不把我们的同事当作客户。但如果有人的工作依赖你所在团队的输出，那么他就是你的客户。

上一页中后厨团队的模式显示了三个内部客户：①Modello餐厅（老板史蒂夫）；②用餐区团队；③用餐的人。每个员工从受雇的那一刻起便承诺为Modello餐厅创造收益。用餐者当然是客户，即便他们并不直接接受厨房团队的服务。下页中的画布表明，用餐者事实上是用餐区团队的直接客户，这一关系通过用餐区团队指向用餐者的弯箭头表示。这样说来，厨房团队最重要的客户就是用餐区团队的员工，他们直接为用餐者提供服务。

用餐者可以被理解为对Modello餐厅每一个员工而言最重要的客户，因为大多数收益，也就是员工工资，都是由用餐者支付的。商业模式思维告诉我们，服务外部客户的最好方式是首先服务企业和直接向这些最重要客户传递价值的企业内部团队。记住，本书的目的是加强团队合作和帮助员工避免错误决策，使员工遵从组织信条，灵活使用工具。

确定团队客户之后，分别为每一个客户列出相应的价值主张。给每张便利贴编号会很有用。一旦你确定了团队的客户和相应的价值主张，如何填写该商业模式的其他模块通常就很明确了。注意，这张画布表明了史蒂夫的两个角色：既是客户，也是合作伙伴。这张画布同样也表明了用餐区团队的两个角色。描绘一个商业模式时，一个人或一个团队可以承担多个角色。

如果你的组织（或更高级别的团队）就招聘、采购、聘请顾问等事项设置了预算配额，那么你要列明你的团队商业模式下的财务成本。另外，以这个简单的厨房团队为例，成本也包含了部分非财务元素。

看完下一页的厨房团队商业模式画布，接下来是财务、软件、能源、咨询四个行业的团队商业模式的案例。

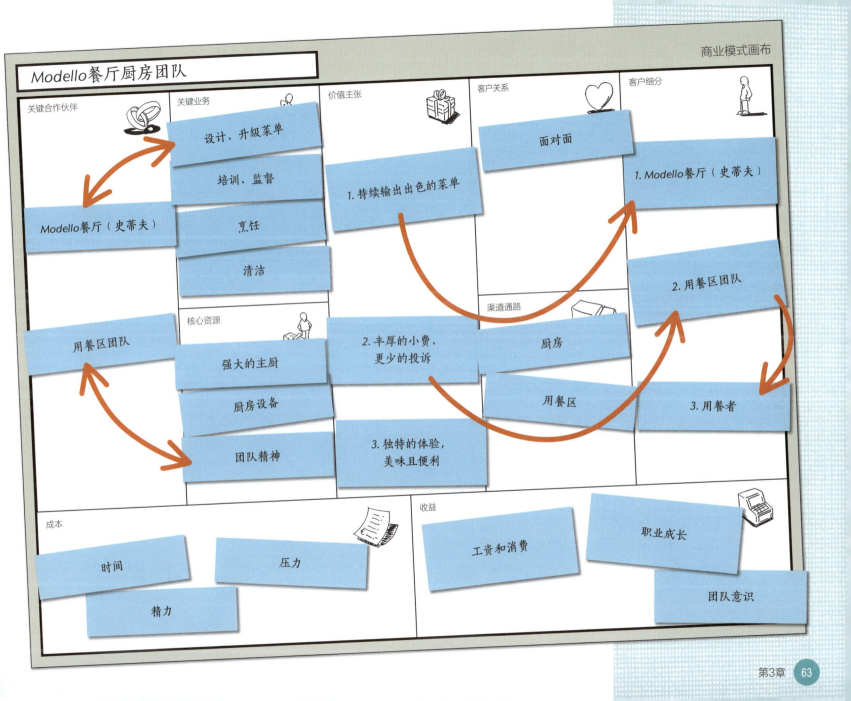

财务专业人士的范式转移

The DBA Team

DBA团队是英国剑桥一家10人咨询公司，向起步阶段的科技企业提供包括融资在内的临时性和兼职性质的财务管理工作。换句话说，他们可以为来不及雇用财务主管的新公司承担首席财务官的工作。在过去的20年里，DBA帮助超过50家公司融资逾5亿美元。

在这20年中，公司创始人大卫·布莱尔始终纠结于一个反复出现的问题：企业家和投资者总是将财务人员看作保守的文书工作专家，认为他们只会汇编数据、报税以及在事实发生后提供一些决策性的建议。大卫想让企业家和投资人将他的小型专家团队当作决策流程中的关键决策人。他们也会因此为客户创造更大的价值。

大卫知道他需要跟自己的团队共同解决这个问题。"成为'局内人'，财务专业人士就要聚焦于自己从事的活动以及产出，而不是聚焦于自己所提供的价值，尤其是他们已经习惯了与内部客户而不是外部客户合作。团队商业模式确实帮助他们实现了范式转移，"大卫说。

大卫认为，简单地说，DBA团队的价值主张之一就是让客户的投资人和高层管理团队"晚上睡得好"。这就意味着DBA团队要准确地追踪流程中的财务和非财务关键绩效指标（KPI），对照流程计划检查指标进度，并准确预测当下经济环境下指标变化产生的影响——正面影响以及负面影响。这比仅仅保证准确报税有价值多了。

关键业务要求团队成员创造真正的价值，包括离开自己的舒适区，更多地参与到跟客户面对面的会议和工作中，帮助他们识别需要追踪的财务指标以外的目标。接着，团队要建立起能够以准确易用的形式捕捉和记录KPI数据的系统。这个步骤的完成需要良好的IT资源和适当的培训。但更重要的是，团队成员需要端正态度，他们要真正地心系客户，抓住痛点，传达并输出真正的价值。从客户角度而言，他们是客户，同时也是关键合作伙伴：一旦决定采用临时财务团队，他们要做到将这个概念内化，邀请DBA方参加相关会议。

"我们的团队成员都已经使用过个人版商业模式画布，现在稍做扩展使用团队版商业模式就变得很容易了，"大卫说。

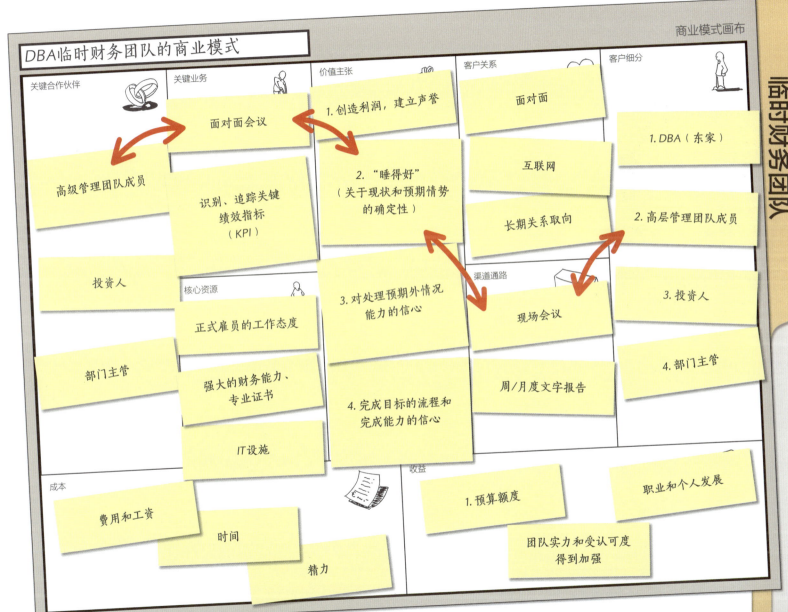

观点软件：
学习型服务团队模式

贝丝·艾伦

Viewpoint Construction Software公司面向全球施工和承包行业提供建筑管理软件、评估软件以及企业资源计划（ERP）软件。公司总部位于美国俄勒冈州波特兰市，雇员人数大约为700人，分布于美国、英国和澳大利亚。

贝丝·艾伦（Beth Allen）任学习服务主管，其团队负责对公司的客户进行产品和服务使用培训。贝丝的团队负责创建和维护自助服务内容（帮助查找网页、视频、快速查阅指南等），所有内容面向客户免费在线开放。同时，团队负责提供收费的客户培训，并负责管理5个顾问的认证项目（这些认证同时对公司内部和外部的顾问开放，这些顾问为公司产品提供服务和支持）。

长期担任Viewpoint Construction Software公司的首席执行官退休后，一部分核心管理人员也离开了，贝丝发现自己面对的是一个全新的管理团队，而这个管理团队对于学习服务的角色不甚了解。为了表明学习服务的价值，贝丝决定创建一个团队商业模式。她准备描绘团队的商业模式，并对一个制造了重大冲突的同事大声讲出来。

"我们的任务是通过有效的培训和专家级别的自助服务，减少现场客户支持团队的负担，"贝丝说。"但当学习者在客户的网站门户遭遇了在线内容过期的情况，他们使用现场支持中心的次数会更多，而这将增加成本。过期内容不会给我的团队带来任何成本，但对客户支持部门而言成本高昂！这个团队模型展示了这些相互依赖关系，对于投资升级服务或清理过期学习管理系统内容而言都是一个强有力的论据。"

贝丝发现了团队商业模式建模的另一个实用之处，她说："我不再列重要事项清单，转而以商业模式为背景定位每一个事件。现在如果出现真正紧急的事情，所有人都能发现。待完成事项清单却是没有任何背景的。团队商业模式是我可以用来教育他人，尤其是教育我们新管理团队的工具。"

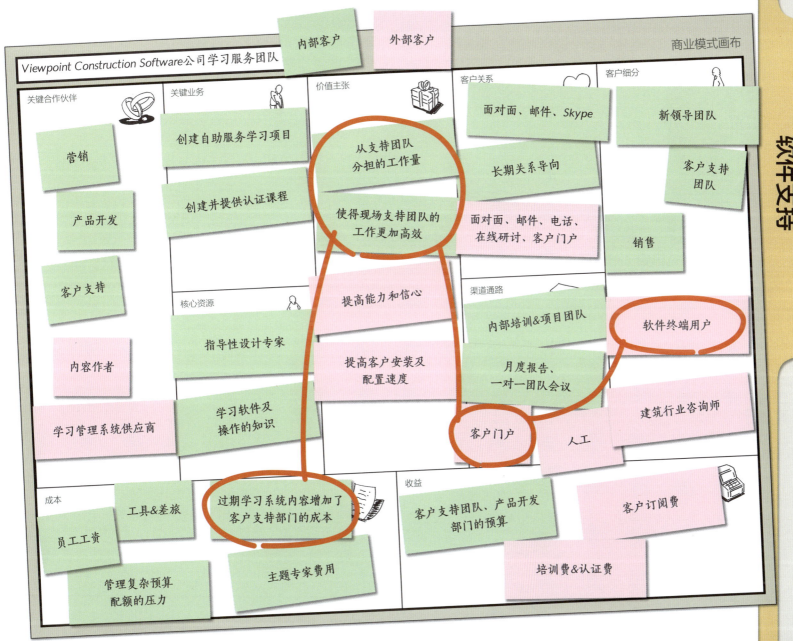

团队商业模式支持企业商业模式转型

伊莎贝拉·帕尼萨

意大利国家电力公司（Enel）是一家电力能源生产商，服务于30多个国家的逾6000万户居民，号称欧洲拥有客户最多的能源公司。2015年，《财富》杂志将意大利国家电力公司评为"改变世界"的50家公司中的第5名，在Facebook、阿里巴巴和IBM之前。

同年，意大利国家电力公司开始策划建立新的增长战略平台，取名开放电力（Open Power）。开放电力的设计初衷在于引领全新的"参与式"产业模式，这一模式使得用户可以通过该公司的全数字化网络和开放的互联网平台，生产能源并输送给意大利国家电力公司。伊莎贝拉·帕尼萨（Isabella Panizza）承担设计意大利国家电力公司新品牌定位的数字化转型方案的任务。这项非常具有挑战性的工作将支撑意大利国家电力公司的开放电力战略。

伊莎贝拉向Beople公司寻求帮助。Beople是一家专门做商业模式创新的企业，在制订转型方案的过程中同时使用了团队商业模式和个人商业模式。

这个项目始于一系列面向意大利国家电力公司各事业部领导者和全球各数字化团队领导者的培训。培训参与者各自描绘自己的商业模式，包括有待完成的工作、代价以及收获。[2] 这为新团队确定了关键客户群体及相应的价值主张，以完成下页画布中所示的团队商业模式设计。

接下来，确定角色与流程，为新的开放电力数字化转型团队补充人力。新成员加入后，伊莎贝拉组织了一个研讨会，大家一起使用联合画布（见第78页），以确定新成员在团队中的角色。之后，成员又使用了一个由Beople公司创始人创造的名为Branding Canvas的工具，确定了开放电力团队如何向整个意大利国家电力公司传递信息、进行沟通。开放电力项目已于2016年成功启动，如今已成为意大利国家电力公司的名片。

伊莎贝拉说，最给她带来满足感的是集团内部的股东给她的新团队的定位是关键合作伙伴。"将这套方法论、可视化工具以及搭建起来的共同语言同时用于工作中，对于整个流程而言都是强有力的推动，"她说。

数字化战略项目推出

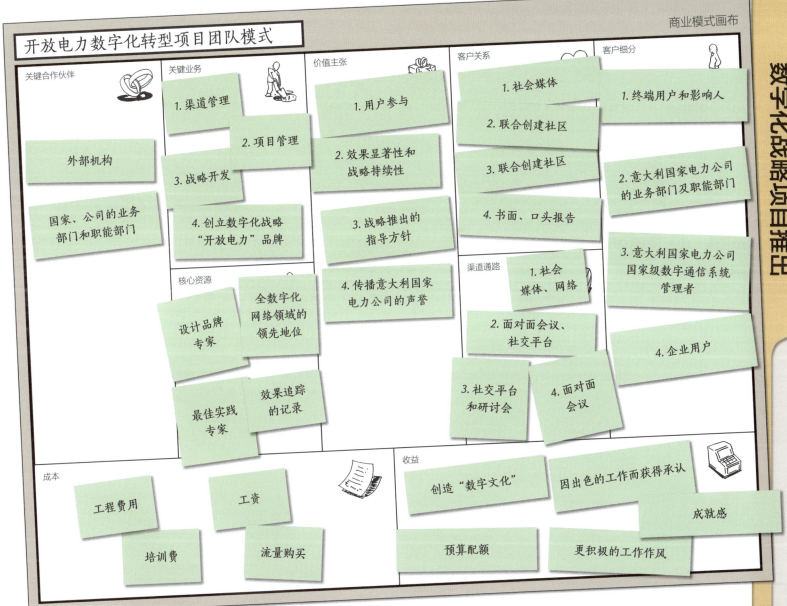

安永的内部咨询团队

莱因哈德·达尔茨

一个拥有20万名员工的组织的复杂程度是惊人的，同时也为莱因哈德·达尔茨（Reinhard Dalz）提供了一个内容丰富的内部学习环境。而这家企业就是安永会计师事务所（EY，即之前的Ernst&Young）。

莱因哈德是安永公司人力咨询服务部的一名高级经理，该部门负责为客户提供人力资源管理方面的咨询，同时负责为企业内部建立更有效的办公环境。在同事马库斯·海嫩（Markus Heinen）的鼓励下，莱因哈德开始运用团队商业模式和个人商业模式工具进行内部试验。而马库斯正是安永德瑞奥公司（德国、瑞士、奥地利）的首席创新官。

"我们将商业模式建模用在外部战略上已经很长时间了，因为客户的商业模式也经常由于经济、社会或技术进步等原因发生改变，"莱因哈德说，"但我们发现在内部使用团队商业模式工具对安永各部门工作能够产生有力的促进。"

莱因哈德创立了一支内部咨询团队，这支团队的工作是向为安永外部客户提供服务的各部门首席运营官提供支持。莱因哈德和他的同事发现，与组织流程图相比，新团队的商业模式模型更能有效地传达组织使命。

"我们隐约知道新团队的关键成功因素，但从未清楚地将这些发现宣之于口，直到我们创建了团队商业模式模型。这个模型是一个远胜于组织流程图的强大的描述工具，它能更轻易地将事情解释清楚并促成协同，"莱因哈德说，"此外，团队商业模式模型能帮助新员工识别自身所需的技能和他们需要提供的价值。"

莱因哈德和他的同事现在正在内部咨询团队中尝试使用个人商业模式模型。"个人商业模式模型可以清晰地界定职位期望和技能图表，"他说，"同时确保个体目标与组织目标相匹配。"

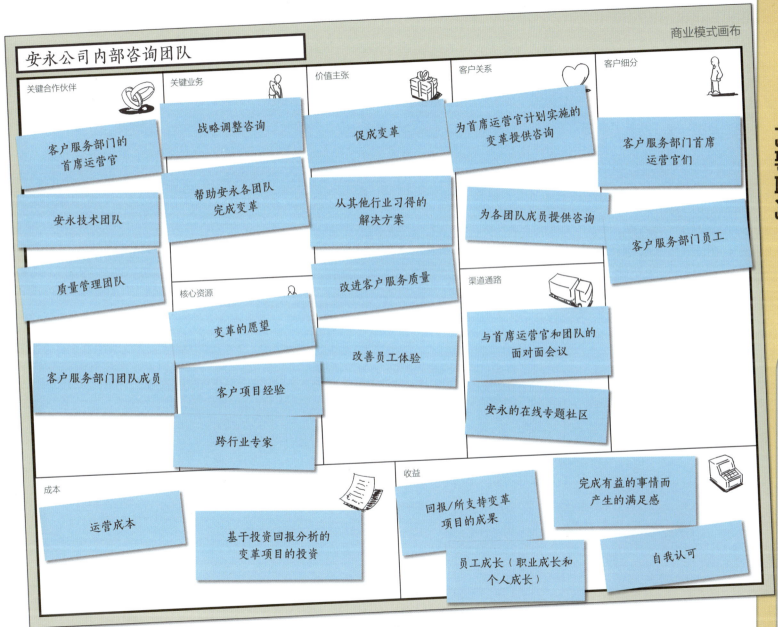

描绘你的团队的商业模式

现在轮到你了。准备一些便利贴，在下一页的画布上画出你的团队的商业模式模型。最好能打印一张海报大小的画布，与你的团队共同完成团队商业模式模型的建模。以下是一些可以帮助你的提示：

1. 客户

如果你有一个以上的客户群体，要给便利贴编号以显示出该客户的优先级，同时编号可以与相应的价值主张匹配，或者可以用不同颜色的便利贴区分不同的客户群体。

2. 价值主张

对每一个客户都应有相应的价值主张，以确保你的价值主张落脚点是某项获益、某种方案或某个结果，而不仅是某项活动。

3. 渠道通路和客户关系

不同的客户要求的渠道通路和客户关系是不同的，对此，建议使用编号或不同颜色的便利贴。

4. 关键业务

为每一个创建和传递价值观所需的具体活动命名（提示：有些活动是人们力图回避的）。对于行政活动或日常活动，就不用列出来了。

5. 核心资源

你创造和传递价值主张所需要的资源是什么？注意那些仍缺失或未完成的关键元素。

6. 关键合作伙伴

把内部和外部合作伙伴都列出来，具体到他们可以提供的资源或他们能完成的活动。如同在第64页大卫·布莱尔的案例中，注意关键合作伙伴在建立关系中扮演的重要角色。

7. 收益和成本

注意团队成员可能喜欢的职业发展和其他非财务利益。

当你完成了一个团队商业模式模型的创建后，就要开始考虑它与其他团队的联系。学习比阿特丽斯（Beatriz）是如何运用团队商业模式工具重新为自己的团队定位，从而发掘一个全新的内部客户群体的。

商业模式画布

关键合作伙伴
- 我们的关键合作伙伴是谁？
- 他们向我们提供何种核心资源，或者他们帮助我们开展何种关键业务？
- 他们提供了我们的商业模式中必不可少的哪种东西？
- 关键合作伙伴创造收益的方式：
  • 最优化或最经济
  • 降低风险或不确定性
  • 提供他人没有的资源或他人无法完成的活动

关键业务
- 我们的价值主张、渠道通路、客户关系和收益要求我们完成哪些关键业务？
- 关键业务的种类：
  制造：设计、开发、生产、解决方案、输送
  销售：教育、推销、展示、促销、广告
  支持：管理、维护、监督，以及其他支持生产或销售人员的活动

核心资源
- 我们的价值主张、渠道通路、客户关系和收益所要求的资源有哪些？
- 核心资源的四种类型：
  人：熟练工人
  有形资产：车辆、建筑、土地、设备、工具
  无形资产：品牌、方法、系统、软件、专利、版权、特许经营权
  资金：现金、股票、应收款、信用限额、金融担保

价值主张
- 我们为客户提供哪些收益？比如：
  功能型
  • 降低风险
  • 减少成本
  • 便利性或可用性
  • 增强性能
  • 能完成某项特殊的任务
  情感型
  • 带来享受或者乐趣
  • 被接受
  • 归属感
  • 被赞赏
  • 安全感
  社会型
  • 提高社会地位
  • 彰显品位
  • 吸引力

客户关系
- 我们如何提供售后支持？（营销第五阶段）
- 我们当下的客户关系是哪一种？例如：
  • 上门服务或电话支持
  • 自动邮件或使用网络窗体自助服务
  • 远程人工服务，通过Email、聊天工具、Skype等
  • 用户社区或维基
  • 与客户合作共同创作
- 客户期待与我们建立或保持哪些其他形式的关系？

渠道通路
- 我们通过何种渠道联系我们的客户？
- 哪些渠道最有效？
- 是否存在其他渠道让客户更喜欢？
- 营销阶段1~4
  1. 知觉：潜在客户如何发现我们？
  2. 评估：我们如何诱发潜在客户对我们进行评估？
  3. 购买：客户如何完成购买？
  4. 交付：我们如何交付？

客户细分
- 我们使哪些人受益？
- 哪些客户为我们带来的收益最大？
- 就战略而言，谁是我们最重要的客户？
- 我们客户的客户是谁？

成本
- 我们最大的成本是什么？
- 哪些核心资源或关键业务花费最大？
- 我们会产生哪些负外部性？
- 成本类型：
  固定成本：工资、租金
  可变成本：产品或服务的成本、视情况而定的劳动力
  非现金成本：摊销成本、商誉、外部性

收益
- 真正让我们的客户愿意付费的受益是什么？
- 他们的付费形式是什么？
- 他们喜欢的支付手段是什么？
- 每个客户贡献的收益是多少？
- 我们产生的正外部性有哪些？
- 付费形式有哪些？
  比如：
  • 资产售卖   • 佣金
  • 租赁费或租金   • 安置费或广告费
  • 订阅费   • 拍卖式动态定价

第3章

团队模式对标客户目标

比阿特丽斯A.冈萨雷斯·托雷

比阿特丽斯领导着一个为800人的电梯研发创新中心提供服务的培训团队,这个研发中心是蒂森克虏伯(Thyssen Krupp)集团下属的一个研发部门。蒂森克虏伯是拥有超过15万名员工,年销售额达420亿美元,多领域经营的全球工业巨头。这个培训团队的目标很简单:增强创新中心员工的专业技能,使他们能够向遍布全球的建筑、机场和大型商业中心,提供越来越强大的蒂森克虏伯自动人行道升降梯系统。

比阿特丽斯在担任培训团队领导者的过程中面临以下两个挑战。

第一,预算监督日渐严格,她需要向电梯创新中心(一个内部客户)表明她的培训团队如何促进了研发的成功;第二,她想要发掘团队新的贡献点和新的创造附加值的契机。比阿特丽斯说:"我们需要以新的视角看问题,这样我们才能发现哪些人从我们的工作中受益。"

比阿特丽斯决定试着将自己团队的商业模式和创新中心的商业模式进行对照。首先,她向创新中心的项目经理介绍了商业模式思维。然后,他们一起建立了创新中心的团队画布。接下来,她将创新中心的商业模式画布放在自己的培训团队商业模式画布上进行比较。

下面将向你清晰地揭示两个团队模型严重不匹配——当然,这同时也带来了机会。

技术培训

定位相互连接点，解锁新价值

创新中心的价值主张是"为市场带来新的产品"，但比阿特丽斯和创新中心项目经理完成的创新中心模型清晰地表明，创造新产品需要与蒂森克虏伯的其他四个团队——生产、供应链、销售和财务紧密合作才能完成。但这五个相互连接的团队的成员对产品管理的专业知识知之甚少，而比阿特丽斯的团队仅仅聚焦于工程能力培训和项目管理培训！

于是，比阿特丽斯发现了对于产品管理培训的强烈需求，而这项培训的开展对象包括蒂森克虏伯的其他四个职能团队，而不仅仅面向创新中心。这意味着为她的团队增加了四个新的客户，生成了新的价值主张，增加了新的关键活动（下一页中的绿色的便利贴）。她从蒂森克虏伯的其他部门招募了新的关键合作伙伴，以帮助设计和开展新的培训。她与新客户联合组织了以下画布中客户关系模块显示的培训项目。

对照自己的培训团队模型与电梯创新中心的模型，让比阿特丽斯发现了自己团队的价值并获得了更大的预算额度。同时，这也帮助她在蒂森克虏伯集团内部树立了不囿于职位描述、超越边界、富有远见的职业形象。

"这个两步骤分析迫使我们审视自身与关键客户的协同性，而不仅仅是一场头脑风暴而已，"比阿特丽斯说，"富有挑战但最终回报丰厚。"

比阿特丽斯的心得

- "在需要大量员工共同参与的技术性工作环境中，工作可能被分割得高度碎片化。这种分割导致浅显而首要的失调极易被忽视。"
- "与未接受画布使用培训的人沟通时应避免使用画布，因为这可能会给他们造成困惑，要先教会他们如何使用商业模式模型。"
- "当来自不同团队的成员共同描绘一个模型时，每个人都能收获很多。"

技术培训

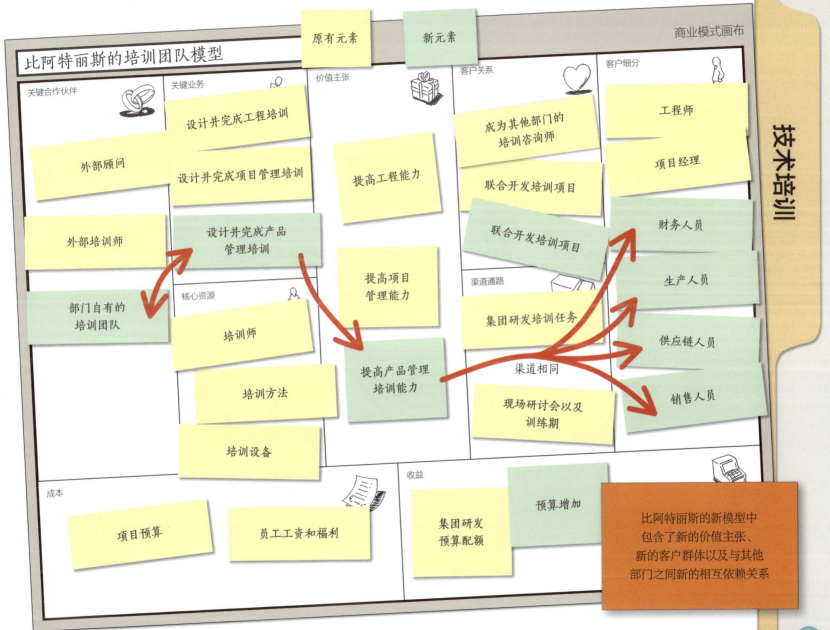

联合画布

比阿特丽斯把她的培训团队模型跟创新中心的模型放在一起对比,以期更好地将她的工作与客户目标联系起来。你也可以通过联合画布做到这一点。

联合画布将两个相关的商业模式模型——下层模型(相对不复杂)和上层模型(相对较复杂)在同一页中展示出来。上层模型和下层模型通过等级制度、相互依存关系、从属关系、客户提供者地位等元素中的一个或多个发生联系。与Modello餐厅是其厨房团队的客户一样,电梯创新中心也是比阿特丽斯团队的客户。

所谓"上层"和"下层"仅仅是以复杂程度或者团队的层级进行区分的,并不指向价值判断。在一张联合画布上,上层模型是下层模型的主导;通常下层模型是被修改方或被调整方,以达到与上层模型相匹配的效果。这里可以参考下一页的联合画布。

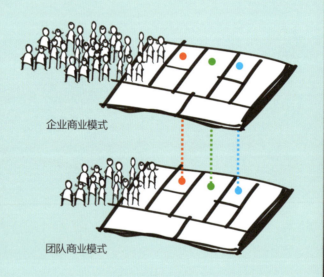

企业商业模式

团队商业模式

关键合作伙伴
列出为我方提供核心资源,或帮助完成关键业务的合作伙伴

列出为你方提供核心资源,或帮助完成关键业务的合作伙伴

成本
列出核心资源、关键业务和关键合作伙伴各项中发生的最大的成本

| 上层模型 | 下层模型 | | 商业模式联合画布 |

关键业务
描述为创造、传达、促进评估、销售、交付或支持我方价值主张，而做出的不可或缺的且正在进行的行动

描述你为创造、传达、促进评估、销售、交付或支持我方价值主张，而做出的不可或缺的且正在进行的行动

价值主张
描述我们为客户解决的问题（我们待完成的工作），我们能提供的好处，以及我们需要满足的需求（包括服务/产品名称）

描述你为客户解决的问题、你令客户获得的好处，以及客户需要你满足的需求

客户关系
描述客户关系的性质，需要提供售后客户支持，以及向客户推荐其他产品或服务

描述你与客户关系的性质，需要提供售后客户支持，以及向客户推荐其他产品或服务

客户细分
按照优先级顺序列出我们最重要的客户群体

按照优先级顺序列出你最重要的内部和外部客户群体

核心资源
列出对创造、传达、销售、交付或支持我方价值主张而言，最重要的资源（人力、金融、知识资源、物质资源）

列出对创造、传达、销售、交付或支持团队价值主张而言，最重要的资源（兴趣、人格、技术和能力、经验、知识等）

渠道通路
列出关键的潜在客户触点：
（1）创造知觉
（2）促成评估
（3）促成购买
（4）价值交付

列出关键的潜在客户触点：
（1）创造知觉
（2）促成评估
（3）促成购买
（4）价值交付

收益
描述由各客户群体提供的收益和回报的具体形式

列出你的工作中所发生的最大的成本（包括财务、情感和社会成本等）

描述你从客户处获得的收益或回报（财务、情感、社会、个人等）

联合画布的应用

使用联合画布要从建立两个相关的商业模式模型开始,把上层模型元素填进各个模块的上端未加阴影的部分,然后将下层模型元素填进各个模块的下端阴影部分(空间有限,因此语言准确、凝炼很重要)。

在下页的联合画布中,用蓝色便利贴表示Modello餐厅(上层模型),用黄色便利贴表示用餐区团队(下层模型)。

接着,对比上层和下层模型。可以从解决以下两个问题开始:这两个模型相似度最大的区域是哪些?区别最大的区域是哪些?

在下页的联合画布中,你能看到Modello餐厅服务的三个客户群体——晚餐人群、午餐人群、私人聚会,按照优先级用编号加以区分。对于用餐区团队服务的三个客户群体——Modello餐厅、晚餐人群、午餐人群,也按照优先级用编号标示。

将两个模型通过联合画布并列在一起,其关键的不同就显而易见了:用餐区团队不向餐厅的第三个客户群体——私人聚会提供服务。Modello餐厅对该客户群体提供餐饮承办。餐饮承办这一渠道不在用餐区团队的模型里。

而这正是需要改变的地方。这是一名拥有情境悟性的餐厅侍者丹尼斯发现的。

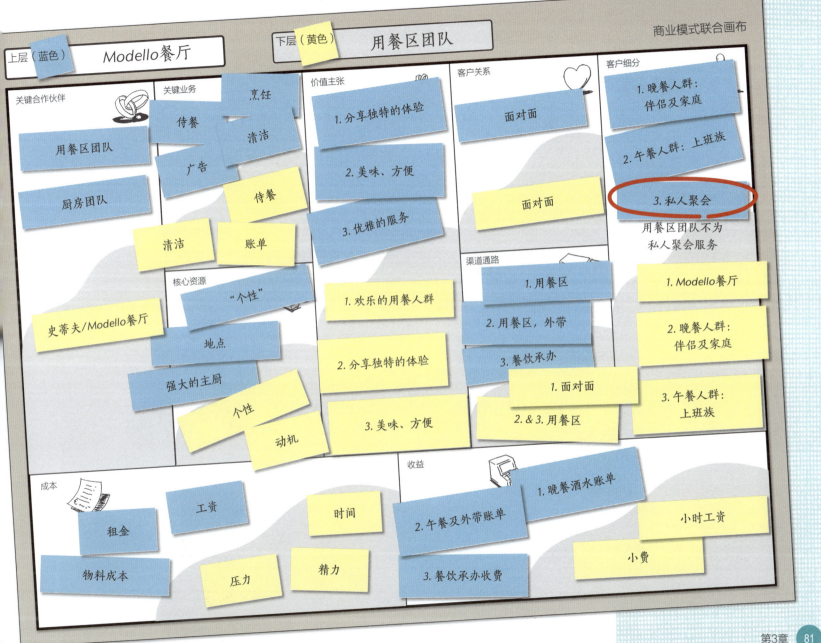

丹尼斯的意外发现

丹尼斯是Modello最好的侍者之一。他每周工作四天，有时会在Modello承办的私人聚会上担任领班。由于丹尼斯有着自然而友好的举止，他与一些餐厅常客有了一定程度的交往。餐厅午餐常客菲尔是一家医药制造企业的销售主管。

有一天，在为菲尔和他的同伴服务的过程中，丹尼斯意外听到两人热烈地讨论着选择哪家的送餐服务。更意外的是，菲尔还向丹尼斯征求专业意见，推荐当地较好的餐饮承包商。"嗯，我们的餐饮承包服务是可以提供店内午餐菜单上的所有食物的，"丹尼斯回答说。丹尼斯很快忘记了这段交谈，但过了几天，菲尔的秘书打电话给史蒂夫预订了15人的午餐会餐饮承包服务。

第二天，史蒂夫把丹尼斯叫到身边。"菲尔向我们预订了在儿童矫形中心的15人午餐会餐饮承包服务，"他说，"谢谢你推荐了我们餐厅的餐饮承包服务。两个销售代表所需要的可能不仅仅是午餐而已。"

丹尼斯耸耸肩："他和那个销售人员看起来对送餐服务似乎很不满而且十分烦恼。"

史蒂夫陷入了思考，然后突然说道："伙计，你刚刚给了我一个新的商业模式启发！"

在下一次的全员会议上，史蒂夫向大家介绍了前页中的联合画布并宣布了一个决定。

"大家都知道我们餐厅是提供餐饮承办服务的，而你们中只有一部分人与该业务有关。上周丹尼斯为我们带来了一个新的餐饮承办客户，这就清楚地表示，我们可以有意地扩大我们的这块业务。"史蒂夫指了指联合画布上那张"私人聚会"的便利贴，继续说道："从现在开始，一旦你们的推荐转化成了餐饮承包订单，订单金额的8%（上不封顶）会被计入小费。"

大家热情地讨论了起来。史蒂夫在联合画布上加了五个粉色的新便利贴，又开口说道："现在开始把私人聚会也纳入我们的客户群体，把'推荐餐饮承办'作为我们的关键业务之一，但推荐要做到低调而合宜，这是因为不是每个人都需要送餐服务！"员工都大笑起来，史蒂夫和丹尼斯一起向用餐区走去。"现在该找菲尔谈谈了，"史蒂夫说，"到'品脱'（PINT）时间了。"

丹尼斯看起来很困惑："你要请他去喝啤酒吗？"

史蒂夫大笑道："是的。我们需要沟通问题、事件需求和趋势——用一品脱啤酒的时间！"

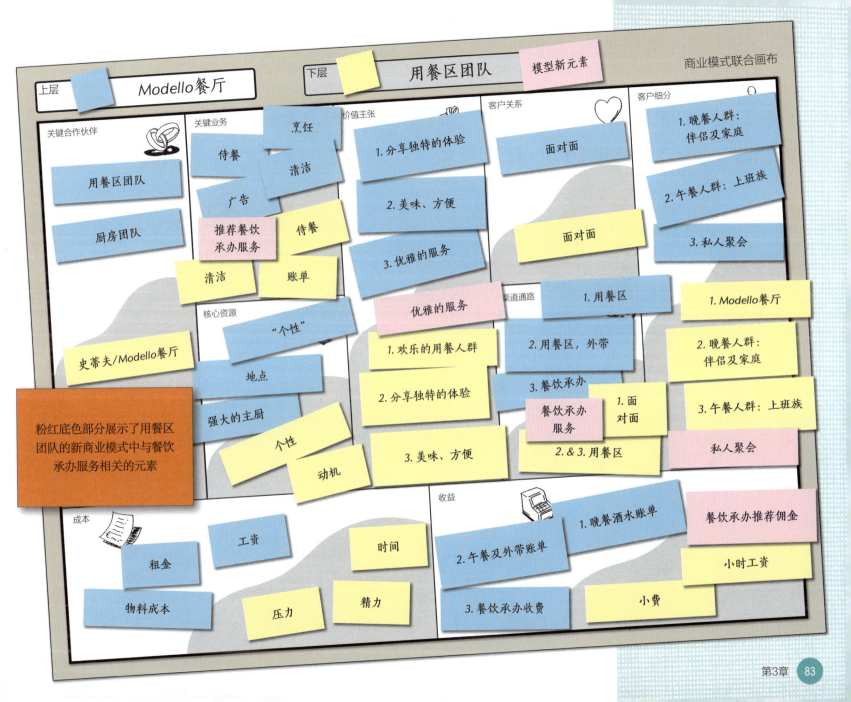

制药行业的"PINT" [问题（Problems）、事件（Issues）、需求（Needs）、趋势（Trends）]

"谢谢你花时间见我，菲尔，"史蒂夫说着举起了一品托装的大杯啤酒，跟这位医药公司主管碰了碰杯，"你工作一定很忙。"

"但很乐意助你一臂之力，史蒂夫，"菲尔一口喝下了杯子里1/4的酒，"我能帮你什么呢？"

史蒂夫从包里拿出一个笔记本。"我很高兴儿童矫形中心的那场午餐会进展顺利。我很好奇你为什么要为那家医院安排食物，他们不是有自己的食堂吗？"

菲尔摇了摇头，仿佛他自己也不太相信自己对问题的反应。"在新的药品销售规则下，我们不能像过去那样自由出入医院和诊所了，"他说，"行业指南要求我们的产品演示和产品介绍必须在医生上班以外的时间进行。这就是说午餐时间是我们唯一可能与医护人员发生实质性接触的时间，因此唯一能把他们聚在一起的方法就是安排一场美味的免费午餐。"

史蒂夫在他的笔记本上奋笔疾书。菲尔的目光越过啤酒杯看了过来。"那个橘色和蓝色相间的表格是什么？"

"是一种分析问题、事件、需求和趋势的方法，"史蒂夫回答。他把他的本子转向菲尔，以便他能看到橘色方框内P-I-N-T四个字母所代表的完整单词。他指了指字母T的方框，说："听上去现场参会业务会呈现上升趋势。"

"你一定不会相信，"菲尔说，"我的销售人员花几个小时在网上搜索或者打电话咨询餐饮承办服务。这些时间对他们来说并没有被用在最有意义的事情上。"他又喝了一口啤酒，并示意服务员再拿一杯新的来。

"看看我理解的是否正确，"史蒂夫说，他指了指他在三个橘色方框里写下的几行字。"制药行业在午餐现场推介产品的趋势，带来了一个问题：其销售人员为了安排一次午餐要花费的时间太多了。这就带来了一个对可靠餐饮承办服务的需求。是不是这样的？"

"你说对了，"菲尔说，从服务员手里接过一杯新的啤酒。"我们为你的PINT分析干一杯！"两个人一起大笑起来。

SIRP [解决方案（Solutions）、创新（Innovation）、资源（Resources）、定位创意（Positioning Ideas）]

"我告诉你这个分析工具怎么用，"史蒂夫主动说，"首先，把类似这些元素填进PINT表格。你看我填得对不对？"他指着橘色的方框问道。

菲尔点了点头，然后喝了一大口酒。

史蒂夫用笔指了指表中的蓝色方框。"下面，你要思考解决关键PINT中各元素的有效解决方案、创新、资源、定位创意了，"他继续说道，"对你们来说，很明显你的销售人员需要的是能了解他们的需求并且能接受紧急订单，或者最好能够随时在线下单，即便在餐厅的非营业时间，对不对？"

菲尔重重地点点头，史蒂夫在蓝色方框内写下一些内容。

"这个真不错，史蒂夫，"菲尔边说边把他的杯子放在桌子上。"如果你已经厌倦了经营餐厅的话，可以联系我——我们的部门正需要一个像你一样的员工。"

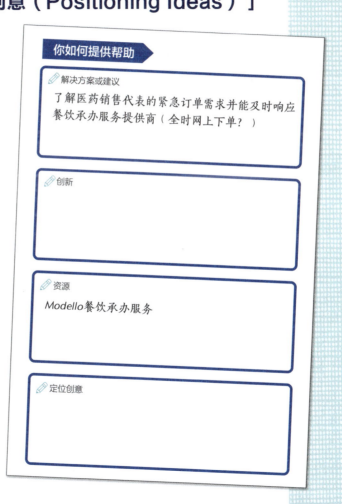

"有价值的工作探测器"

史蒂夫从朋友萨利那里学会了PINT分析。萨利是一家医疗设备生产企业的全职员工，她利用业余时间参加了一个MBA项目。PINT就是一个被萨利称作"有价值的工作探测器"的分析工具的一部分。

史蒂夫记得曾与萨利讨论过一个很简单但很重要的问题：工作是如何产生的？她说，很少有人会严肃地思考这个问题。很多人认为只要获得了某个职业身份，如会计、物流经理或营销助理等，自然就有了需要完成的工作。

"岗位职责即工作内容"这种假设似乎是约定俗成的，却给领导者带来了麻烦，萨利说，因为这意味着：①将工作内容定义为职位描述；②排除了其他职位描述所提到的工作。岗位职责即工作内容这一假设限制了员工的自我驱动和投入程度。人们需要一个对工作的更广泛的定义，萨利坚持这样认为。

"有价值的工作探测器"基于一个常识性认知：工作是由于所有组织都要面对的四个因素产生的：问题或潜在问题、事

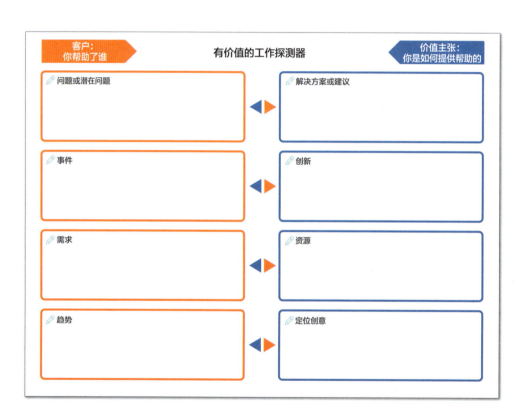

件、需求或趋势（PINT的四大元素）。每一个PINT元素都可能成为一项有价值的工作的来源。在某项工作被某项服务、产品、内部行动或新的职位填补之前，每一个PINT元素都是发掘这些待完成事项的探测镜。

PINT元素

萨利基于自己作为人力资源团队一员的工作经验，对PINT元素逐个进行解释：

1. 问题或潜在问题

东西坏了，运行不良，或者产生了对新事物的需求，例如，萨利所在公司的员工流动率过高。

2. 事件

东西没坏，但规则、规范或条件改变了。例如，新颁布的法律对萨利公司以实习生或合同工身份雇用外籍毕业生的方式将产生确定性的影响。

3. 需求

填补空白，或对新事物的渴望。例如，萨利的老板打算进入南美市场，需要懂西班牙语和葡萄牙语以及了解文化背景的人才。

4. 趋势

事物在改变或朝新的方向演进，或者人们的习惯发生了改变。例如，医学中对机器人越来越多的应用意味着萨利的公司需要雇用机器人专业的工程师。

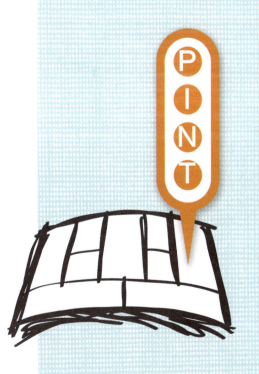

"有价值的工作探测器"的使用

要选择一个你所在团队的关键客户群体，并找到一个该客户群体面临的问题或潜在问题、事件、需求或趋势。识别一个或两个重要元素，并对其进行准确、精炼的描述。可以将PINT元素想象成商业模式画布客户群体模块中的一部分。

如果你对客户的问题或潜在问题、事件、需求或趋势有直接的了解，你的描述反映的就是事实，否则，你的描述就是代表一个有待向客户或其他知情人验证的假设。

SIRP元素

在识别一个或多个PINT元素之后，就要思考你的团队将如何做出反应。这里所做出的反应就是解决被识别的PINT元素问题的潜在价值主张。这个价值主张可能包含SIRP四元素中的任何一个：

1. 解决方案或建议

为解决问题或潜在问题，而对新方法、新服务或新产品进行的调整、修复或建议。例如，萨利的人力资源团队在分析了离职谈话之后发现，很多重要员工离职的原因是要寻求更加自由的工作时间，因此萨利实行了弹性工作制。

2. 创新

为适应一个事件带来的影响，前摄性地调整事物或环境。例如，萨利的团队参加了几个学术活动，发现了两个国内有前景的研究生工程项目。之后，他们改变了招聘目标，降低了对拥有海外培训经验工程师的依赖。

3. 资源

用于满足需求的人力、资金、物料或知识产权。例如，萨利的团队号召员工自愿参加一项关于语言技能的调查，从而为南美市场的新职位选拔合适的内部人才。

4. 定位创意

利用趋势或最小化风险的推荐方式。例如，萨利的团队提出资助一所本地研究生院的机器人工程专业的教授。

萨利的团队在没有推出任何新的职位的前提下，解决了PINT四元素问题。

基于PINT分析结果，团队成员仅仅通过将自己需要完成的工作范围扩大，就把问题解决了——不论其是否在自己的"职位描述"范围内。注意，"有价值的工作探测器"对内部和外部客户都适用。

现在轮到你了。使用下页的"有价值的工作探测器"为你的一个客户找到一些需要完成的有价值的工作吧（在BusinessModelForTeams.com网站上注册，你将免费获得本书中所有工具的PDF版本）。

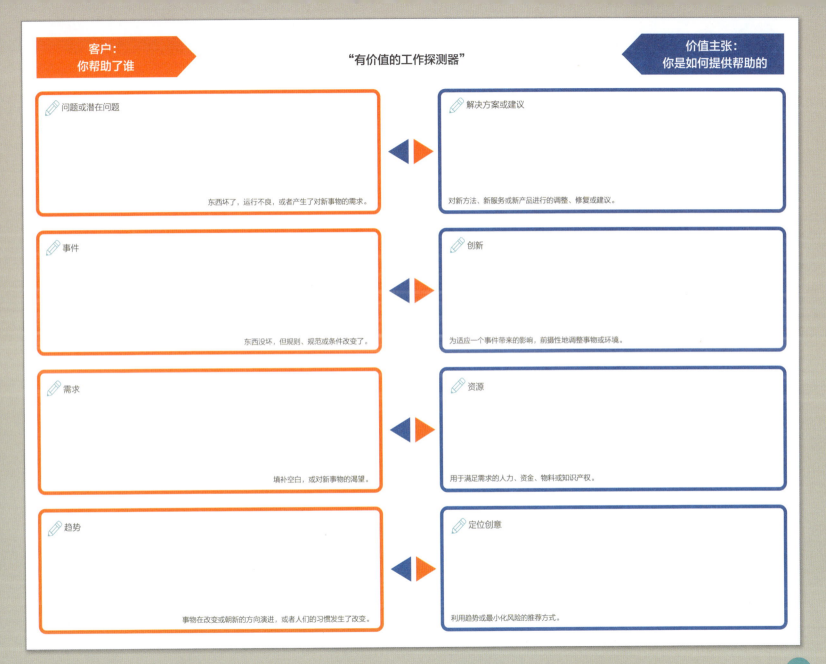

周一早上开始尝试的事情

完成你的团队合作表格

第一步,试着制作一张你所领导或所在的团队的团队合作表格。模板如下:

角色	任务	内部客户	任务完成的结果	任务失败产生的后果

完成一张联合画布

第二步，准备一些便利贴尝试在一张联合画布内描绘你的团队模型以及一个上层商业模式模型。

运用已完成的联合画布，以找到可以达成以下目的事情：

1. 调整或改进
2. 消减（做得更少）
3. 加强（做得更多）
4. 重新编排
5. 利用

关键合作伙伴
列出为我方提供核心资源，或帮助完成关键业务的合作伙伴

关键业务
描述为创造、传达、促进评估、销售、交付或支持我方价值主张，而做出的不可或缺的且正在进行的行动

描述你为创造、传达、促进评估、销售、交付或支持我方价值主张，而做出的不可或缺的且正在进行的行动

列出为你方提供核心资源，或帮助完成关键业务的合作伙伴

核心资源
列出对创造、传达、销售、交付或支持我方价值主张而言最重要的资源（人力、金融、知识资源、物质资源）

列出对创造、传达、销售、交付或支持团队价值主张而言最重要的资源（兴趣、人格、技术和能力、经验、知识等）

成本
列出核心资源、关键业务和关键合作伙伴各项中发生的最大的成本

| 上层模型 | 下层模型 | | 商业模式联合画布 |

价值主张
描述我们为客户解决的问题（我们待完成的工作）、我们能提供的好处，以及我们需要满足的需求（包括服务/产品名称）

客户关系
描述客户关系的性质，需要提供售后客户支持，以及向客户推荐其他产品或服务

客户细分
按照优先级顺序列出我们最重要的客户群体

描述你与客户关系的性质，需要提供售后客户支持，以及向客户推荐其他产品或服务

描述你为客户解决的问题、你令客户获得的好处，以及客户需要你满足的需求

渠道通路
列出关键潜在客户触点：
（1）创造知觉
（2）促成评估
（3）促成购买
（4）价值交付

按照优先级顺序列出你最重要的内部和外部客户群体

列出关键的潜在客户触点：
（1）创造知觉
（2）促成评估
（3）促成购买
（4）价值交付

收益
描述由各客户群体提供的收益和回报的具体形式

出你的工作中所发生的最大成本（包括财务、情感和社成本等）

描述你从客户处获得的收益或回报（财务、情感、社会、个人等）

给员工一个"看得到风景的房间"

大多数组织偏好以某些形式完成战略策划,如编写组织使命或愿景宣言,创建战略文件,或制订五年计划。

但真正的挑战是:如何将这些战略在制定这个战略的小群体以外传播开来?

这一核心任务真正考验着领导者的表达能力和教导能力。在战略制定者看来非常出色的想法却让组织中的其他人常常感到困惑,这些员工往往缺乏市场分析、战略策划或组织设计方面的培训和经验。其结果就是,人们选择转向并聚焦于自己更清楚也更熟悉的事情:他们职位描述中的各项任务。

要让员工理解并遵循一项战略,必须做到:①将该战略以简单易懂的语言描述出来;②具体到切实指导实际行动的程度。

将组织商业模式和团队商业模式想象成一个理想的窗口,这个窗口给予每个员工一个"看得到风景的房间"——一个毫无遮挡的画面,告诉他们组织如何运营,每个员工处于何种位置。

实现这个目标的最后一步就是确定个人的商业模式模型,即下一章的主题。

第 4 章

个人的商业模式

企业、团队和个体

至此,你已经看到了,从团队的角度判断自身的商业模式是否与企业商业模式相协同是很有用的。同样地,每个个体对团队的贡献也可以通过个人商业模式展现。

个人商业模式将个体工作的真实目标作为其模型的价值主张。当每个成员的模型都与团队目标同步时,你所领导的团队将所向披靡。相反地,若成员与团队不协同,就需要做出调整。领导者需要反复平衡个体需求和团队目标,找到不一致并对其采取行动。

本章的目的在于:①教你用个人商业模式画布建立和使用个体模型;②识别个体与团队间失调的方法。个人商业模式画布以团队和组织目标为依据,且其框架与企业商业模式相同。同时,它允许个体以最恰当的组织角色表达其个性并追求个人目标。

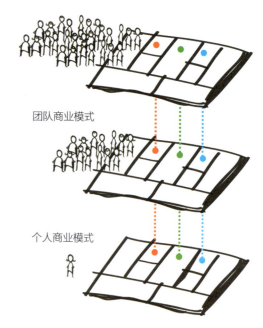

企业商业模式

团队商业模式

个人商业模式

个人商业模式

首先，注意团队和个人模式之间的区别：

- 在个人商业模式中，核心资源是你自己，包括你的兴趣、技术与能力、个性及价值。相对于企业和团队，个体是"资源受限的"，这也是我们的成功之所以依赖他人的又一个原因。
- 与通过自身模式向外部客户提供产品的团队或企业不同，可以将个体想象成通过自身劳动提供服务，而其服务对象多数情况下是内部客户。
- 个人商业模式将不可量化的"软"成本（如压力）和"软"回报（如职业成长）也纳入模型中。大多数企业模式仅考虑了货币成本及货币收益。

在将个人商业模式运用于他人之前，先自己练习，完成自己的个人模式。[1]

个人商业模式模块

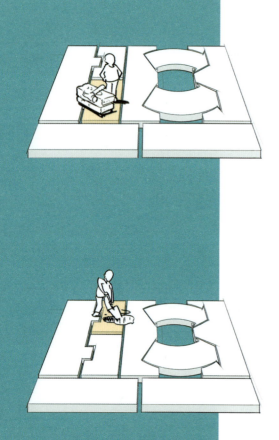

以下是对个人商业模式画布九个模块的概括。这些模块与构成团队和企业画布的模块相同，括号内提供的相应替换词是为了帮助你从个体角度理解商业模式语言。以下关于模块的描述是基于使用个体画布为自己建模的假设。

你是谁/你有什么（核心资源）

这个模块定义了几项核心资产：①你的兴趣以及你认为重要的事物；②你的技术和能力；③你的个性；④你的职业身份。你的兴趣，即你为之兴奋的事物，它也可能是你最宝贵的资源。作为领导者，这是评估你是否适合现有角色的好机会。你的个人兴趣与团队和企业的目标是否一致？确保你的答案是肯定的，再建议他人效法你。

你是做什么的（关键业务）

你是做什么的——你的关键业务——从你是谁出发。简而言之，你的关键业务取决于你的核心资源。某个职业通常包含了一系列标志性的关键业务。例如，大多数大学教授从事研究工作，并提供某种类型的社区服务。用动词描述你的关键业务，例如售卖、装配、招募。

几项活动的组合通常被要求创造价值，但客户很少认为单个活动本身具备价值。记住，关键业务与价值不同。描绘个人商业模式能够帮助你和团队区分关键业务与价值。

你帮助了谁（客户）

与企业模式一样，你最重要的客户就是决定为你的服务付费的人。但你可能还有其他的客户，而且把他们全部都找出来并不容易。内部客户可能包含你的老板、其他领导、你的员工或某些关键合作伙伴。外部客户很容易被识别。记住，外部客户为其获得的价值付费，或免费获取价值而由其他付费客户、纳税人或捐赠人补偿其造成的成本。但在大多数组织中，直接面向外部客户的是极少数人，因此大多数员工对于外部客户为企业的一切付费这件事体会不深。建立成本意识和盈利意识的一种有效的方法是，用个人商业模式将其内部客户和外部客户——真正买单的人找出来。

你是如何提供帮助的（价值主张）[2]

这是你的个人商业模式的核心。你的个体价值主张回答了为什么你的工作对你的客户而言很重要。它强调了客户所获得的好处，而不是你完成的活动。例如，一个想要为房子装一套新栅栏的房主，需要在固定位置挖一连串洞，而她并不想自己动手。因此，一个帮工的价值主张不是"挖"，而是"让洞在房主需要的时间出现在她需要的地方"。你的个体价值主张是你的职业身份的核心，对于这一点，我们将在下一章中展开讨论。

确定自己的价值主张的一种有效方法就是回答这样一个问题：我的客户雇用我要完成的工作是什么？如果我完成了这项工作，我的客户将会得到什么？[3] 要知道客户所获得的收益常常是无形的，包括降低风险、决策信心、提高声誉、降低成本、有吸引力等。价值主张和客户是个人商业模式中最重要的两个部分。确定了价值主张和客户，你的个人模式就基本完成了——描绘模式中的其他部分变得十分明确，只是要确保你的个体价值主张与你的团队目标和组织目标相协调。

个人商业模式的其他模块

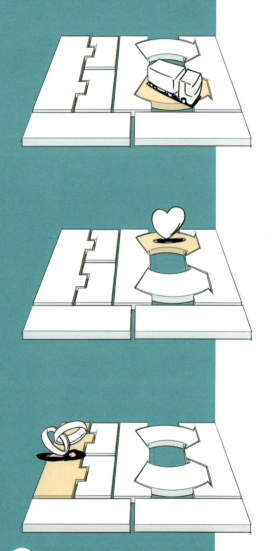

他们如何联系你/你如何向他们交付（渠道通路）

　　我们所说的渠道通路事实上就是营销流程：创造认知、诱发评估、销售、交付以及（销售）后期跟踪（属于客户关系模块的范畴）。大多数人认为渠道通路就是指交付渠道。事实上，你的工作的交付可以是一篇文字报告、与客户的一场谈话、向服务器上传一串代码、驾驶一程汽车或者其他很多种形式，但要避免过度关注交付和售后跟踪渠道这两个阶段。长期服务于同一个组织的员工常常发觉自己陷于无尽的工作交付和后期跟踪的循环中，而无暇面向组织的其他团队为自己的价值创造认知，并在组织内部"营销"自己。

你如何与他们互动（客户关系）

　　一个好的商家在获得一个新的客户之后，会在完成交付后继续进行后期跟踪，并确保客户的满意度。后期跟踪的形式可以是面对面交流、邮件、电话、视频、网聊、书面报告、人工检查、维基、博客或局域网互联网布告等。这是一个机会，可以向新同事告知自己所能提供的帮助有哪些。对于主要面向内部客户的员工而言，这同时也是在团队或组织内部识别并加强连接的机会。

谁帮到了你（关键合作伙伴）

　　在一个团队中，这是你获得帮助的来源。关键合作伙伴可能包括团队成员、你的领导或者主管、直接下属、供应商或外部合作伙伴、组织其他部门的同事、同行，甚至外部客户（记住，在一个商业模式中，一个群体，如客户，可以在一个以上的模块中同时存在）。关键合作伙伴也可能是非常亲密的人，可能包括你的配偶、其他家庭成员、个人或精神导师或者好朋友。领导者通过鼓励员工释放自我，而不仅仅是狭义地努力维持一副所谓的"职业形象"，通常会收到良好的效果，特别是在领导者首先以身作则的情况下。[4]

回报（收益）

回报包括"硬"的补偿，如工资、费用、期权、版税、红利或其他与货币相关的收入。"硬"福利包括医疗保险、退休待遇、产假、培训支持等。"软"福利包括发展、赏识、社会贡献、伙伴关系、归属感、弹性工作制等。

相对于硬回报，通常人们更重视软回报，因此一个领导者的工作可能需要包括设置并与员工沟通合适的回报。寻找合适的机会，创建一套可以直接满足四项人类本能心理动机的软回报。

人类本能的心理动机	软回报
目标	社会贡献、帮助他人
自主权	弹性工作时间及地点、决定工作内容及工作方式的权利
关系	赞赏、归属感、真实自我的释放
专精	学习、职业发展

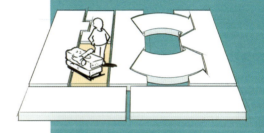

投入（成本）

人们在工作中投入了大量的时间和精力，有时还要承受压力。此外，人们对于工作的投入还包括其他形式：通勤或差旅时间、无偿加班或在非工作时间处理与工作相关的问题以及未被补偿的培训费、工具费以及置装费。

人们常说，生活中有两种货币——时间和金钱。我们认为还存在第三种货币——弹性。时间或地点的弹性被牺牲掉了，成为一种成本，或被获得了，成为一种回报。不要低估弹性的重要性，有时候它比货币补偿更加重要！

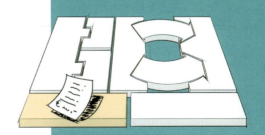

个人商业模式画布

下面是一张完整的个人商业模式画布，每个模块中附有帮助你完成建模的"提示性"问题。为什么不找来一些便利贴，现在就试着描绘一下自己的个人商业模式呢？

谁帮助了你
（关键合作伙伴）
- 谁帮助你为他人提供价值？
- 谁以其他方式支持着你？是以什么方式？
- 有人向你提供核心资源或帮你完成关键业务吗？
- 其他人能做到吗？

关键合作伙伴可能包括：
- 朋友
- 家庭成员
- 主管
- 人力资源同事
- 其他同事
- 供应商
- 职业联盟成员
- 导师或咨询师等

你是做什么的
（关键业务）
- 列出你的职位所特有的日常工作中的重要活动。
- 你的价值主张要求的关键业务有哪些？
- 你的渠道和客户关系要求的活动有哪些？

将你的所有业务划分为以下几类：
- 生产（建造、创建、解决问题、运输等）
- 销售（通知、说服、教育等）
- 支持（行政管理、计算、组织等）

你是谁/你有什么
（核心资源）
- 工作中最让你兴奋的是什么？
- 为你的偏好排序：
  ①人际关系；②信息处理/创意；
  ③体力劳动/户外工作？
- 描述你的几项能力（不费力就能做到的事情）以及你的几项技术（你通过学习会做的事情）。
- 列出你的其他资源：
  人脉、声誉、经历、体能等

投入
（成本）
- 你为工作付出了什么（时间、精力等）？
- 你为工作放弃了什么（家庭或个人时间等）？
- 哪项关键业务最"贵"（费力、压力大等）？

列出与工作相关的软成本和硬成本：

"软"成本：	"硬"成本：
- 压力或不满	- 投入时间过多或出差过多
- 缺少个人或职业成长机会	- 未被补偿的通勤及差旅费用
- 低认可度或低社会贡献度	- 未被补偿的培训、教育、工具、材料或成本
- 缺少弹性，过度占用精力和时间	

商业模式画布

你是如何提供帮助的
（价值主张）

- 你向客户提供何种价值？
- 你可以满足哪些需求或解决哪些问题？

你提供的帮助是否：
- 降低了风险
- 降低了成本
- 提供了方便或提高了可用性
- 提高了性能
- 增加了愉悦感或满足了某项基本需求
- 满足了社交需求（品牌、地位、认可等）
- 满足了情感需要

如何互动
（客户关系）

- 5. 后期跟踪：你如何继续向客户提供支持，并确保他们是满意的？
- 你的客户希望与你建立并维持何种关系？
- 描述现有客户关系类型。

客户关系包括：
- 面对面的人工支持
- 通过电话、邮件、聊天工具、Skype等远程帮助
- 同事或用户社区
- 联合创造
- 自助服务或自动服务

他们如何联系你/你如何向他们交付
（渠道通路）

- 你的客户希望你通过何种渠道联系他们？
- 你现在如何联系他们？
- 哪些渠道通路最有效？

不同阶段的渠道通路：
1. 知觉：潜在客户如何找到你？
2. 评估：如何帮助潜在客户认可你的价值？
3. 你的新客户以何渠道雇用你或购买你的服务？
4. 交付：你如何向客户交付价值？

你帮了谁
（客户群体）

- 你为谁创造价值？
- 你最重要的客户是谁？
- 谁的工作完成与否依赖你的工作？
- 你客户的客户是谁？

回报
（收益）

- 真正让我们的客户愿意付费的产品/服务是什么？
- 他们现在为什么产品/服务付费？
- 他们的付费形式是什么？
- 他们喜欢的支付手段是什么？

描述你的汇报

"硬"福利可能包括：
- 工资
- 工钱或专业费用
- 医疗工伤保险
- 退休福利
- 期权或分红
- 教育资助、交通费或育儿补贴等

"软"福利可能包括：
- 满足感、愉悦感
- 职业发展
- 认可度
- 归属感
- 社会贡献
- 弹性工作时间或工作条件

个人商业模式案例

肖恩·巴克斯（Sean Backus）是一名出色的刚毕业的研究生，他先后加入过两家公司的程序设计团队，而他的两任领导都让他退出了团队。但肖恩的价值主张——运用软件解决商业问题，与这两家公司的企业目标是同步的。以下是肖恩在他上述两份工作中的个人商业模式模型：

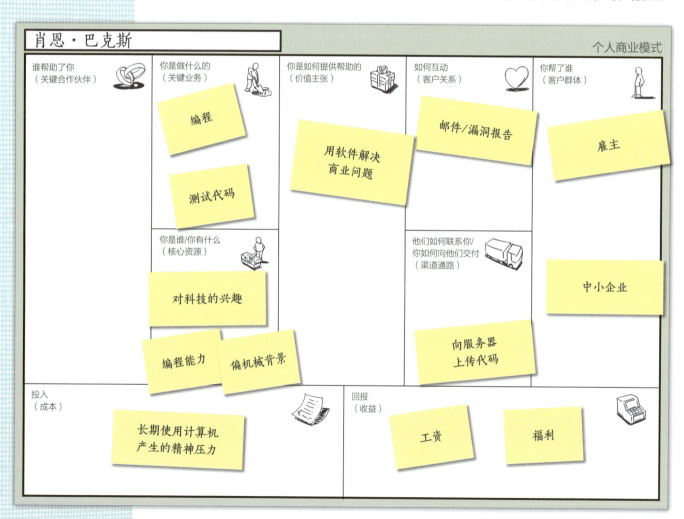

员工越快乐，团队越强大

在他的第三份工作中，肖恩意识到过去忽视了自己强大的社交能力。单一编程的角色让他感到沮丧，因为当前的工作环境——各自在格子间里埋头写代码只满足了他对技术的兴趣。肖恩与他的主管谈了自己对教学的兴趣，主管同意让他就漏洞调试技术对其他的程序员进行培训。多亏了这样一项更加多变且具备社交性质的工作任务，肖恩发现了自己和同事对专精的追求，因此肖恩的满足感高涨。他对新角色的投入更多了，因为软件的漏洞少就意味着客户会更开心。

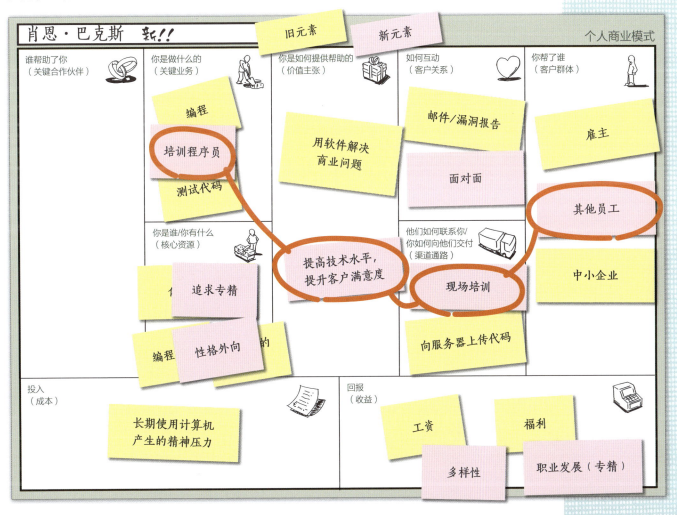

第4章　107

利用职业身份强化团队

领导者的挑战

领导者的工作极具挑战性。他们必须帮助员工更好地为现有的团队做出贡献,将员工置于他们更能为组织创造价值的其他位置,或者在组织中没有其合适的位置时,将其从组织移出。确定一个员工是否与团队或组织相适应,要求以角色为判断依据,而非以技能(或"工作任务")。例如,肖恩的前两任经理仅从技能角度看待他,聚焦于他能完成的任务而非他可以扮演的角色。肖恩的技术能力的确很强,但他的前两任经理并没有注意到他对工作没那么投入。对肖恩和他的雇主而言幸运的是,他的第三任经理抓住了角色的概念。从角色出发进行判断,这是与商业模式建模相匹配的一种思考方式。

职业身份

肖恩超越了其程序员的身份,将自己的外向性格和对技术专精的追求带入工作中——这是他从未尝试过的,他和他的经理共同创造了新的角色,一个改进并保证代码质量的角色。在这个新的角色中,肖恩不但贡献了更多的价值,而且开始展现自己真正的职业身份。

职业身份是一个职业的本质,与价值交付方式共同构成区分不同职业的依据。

将你的职业身份想象成你以个人商业模式持续向客户交付的好处,而这个身份即便在脱离了你的工作头衔、荣誉、学位、证书、执照后,依然成立。正如你的性格描述的是你精神上的本质,职业身份描述的是你的职业本质。它包括你的价值交付方式。对于肖恩而言,是他随意而自嘲式的幽默和看似漫不经心的技术专业度让受培训的员工感到有趣并十分受用。

帮助他人发展其职业身份是助其更好地贡献团队或助其找到更合适位置的好方法。而作为一个优秀的领导者,帮助他人定位自己的职业身份是最有成就感的事情之一。想知道原因,可以思考一下组织招聘、提拔以及调配员工的传统方式。

传统的需求——资源匹配方式

传统的组织招聘、提拔以及调配员工，采用需求与资源匹配的方式。需要被完成的工作被定义为"需求"，员工被定义为"资源"。"资源"进一步可以扩展为知识、技术和能力（KSA）。职位发布中列明对于KSA的要求，而具备相应知识、技术和能力的人将被雇用、提拔或调配。

使用KSA匹配需求和资源当然能够提升个体对团队贡献的可能性，但仅凭KSA判断一个员工是不够的。然而职业身份却能够描述人的天分、完成某项任务的能力，最重要的是，能够描述个人的价值主张。在这里，使个体价值主张与团队或企业目标一致是领导力的本质。

帮助团队成员定义职业身份

你如何帮助团队成员实现其职业身份？首先，要清楚组织的员工发展政策。越来越多的革新性企业采用了这样的政策：员工成长不是企业的任务，但是要给予员工在完成组织工作的过程中发展自己的机会。[5]

在明确了组织的政策之后，要思考行为反馈的重要性。很少有人敏于自我观察，因此他们需要很多的结果反馈。这就是为什么创造一个结果反馈的环境——对自己以及同事行为的反馈是领导者的重要责任。记住，你对于向你直接汇报的员工而言，是最重要的反馈来源。作为团队合作咨询师，帕特里克·兰西奥尼（Patrick Lencioni）是这样总结的：除了配偶之外，没有人能够像工作中的领导一样定义一个人对自己职业身份的感知。[6]让自己真正对每一个团队成员感兴趣，让他们得以将"完整的自我"投入工作中，建立一个轻松的、持续反馈的工作环境，这是你能够做的最重要的一件事。而这样一个环境要比一个正式的、低频率的职业发展培训更加有作用。

将自己想象成一个反馈发放和反馈搜集的工具。在你轮番与同事和他们的客户的交谈中，你以客观的视角帮助他们实现自身观点与行为的对照。内部调查也是一种好方法。你可以找人力资源专业人士帮你的团队成员设计一份调查，或使用例如360度评估等现成的工具。[7]

练习：确定你的职业身份

这里有一项帮助同事确定他们职业身份的练习。你可以在与即将加入团队或即将离开团队的人员面谈的过程中完成这个练习，形式可以是正式的职业发展培训，也可以是简单地与下属闲聊。这项练习共包括4个步骤，分为两轮完成。其中评价收集和风格描述分别为步骤1和步骤2，共同构成第一轮，可作为作业分派给被征询人（成熟的或高度自我知觉的被试可以在第一轮就完成这项练习）。仅需准备纸、笔和一个安静可供讨论的场所，如食堂、咖啡厅或其他你们不太会面的场所。对于步骤1，也可以与一群人共同完成。开场做出保证，这不是对绩效的评估，而是对过程的评估。

步骤1：确定你的产出结果

询问三个了解你的人，使其简要描述你的工作产出带来的结果。被征询人可以包括现有或之前的客户、合作伙伴、老板、团队成员、教练、长官、老师或牧师。同时，要求被征询人描述你的工作风格，以及在你输出工作结果的同时你在别人眼中的形象是怎样的，以形成一个150~250字篇幅的反馈或观察结果，并记录在纸上。你可以参考一下波音公司公关部艾伦收集的自己的产出结果评价。

步骤2：描述你的风格

认真阅读评价，然后就被征询者对你在产出结果的过程中展现出的风格描述进行总结。在评价收集过程中，运用关键词和你自己的语言进行表达，并将总结结果写在一张纸上或便利贴上。以下是艾伦在步骤2中写的内容。

> **步骤1：** 艾伦的环境管理调查结果帮助我们改变了环境参与计划。她的调查不仅记录了与几位对环保敏感的员工交谈的内容，而且运用数据而不只是一腔激情来支撑她的论点。
> （环境服务部门主管）

> 她在工程师周上组织发起"为环境而设计"的倡议活动后，我们获得的志愿者多到用不过来。我们甚至需要拒绝一些人。明确环境质量以及保护环境的价值，并让他人也参与其中。
> （供应商服务团队总工程师）

> 艾伦发起并与人共同领导了一个团队，该团队在管理层换届、企业方向变化、部门重组的情况下，创建了一个成功的客户服务识别项目。她的外交式风格使她能够留住人以保证项目顺利进行。
> （公关部主管）

> **步骤2：** 我对人感兴趣且能够制造热情。我能使他人的工作明朗化，有策略，根据目标的变化随机应变，超标准完成任务。

如果你将步骤1和步骤2作为作业，必须要求被征询人对前两个步骤的回答结果准备一式两份，供第二轮使用。指导他们完成步骤3，在被征询人完成步骤3的过程中，自己阅读被征询人对前两个步骤的回答结果。

步骤3：总结你的职业身份

用精炼的语言以第一人称对你搜集到的评价进行总结。这应当是对你的工作输出——你的价值主张以及你输出价值的方式的精确总结，将表述控制在50字以内。你可以参考艾伦的版本：

> 步骤3：我可以本能地发现需要被分享的、隐藏的故事。
>
> 当人们读到我写的关于他们的内容时会感到骄傲和富有成就感。
>
> 我是公司的"外交官"，穿梭于组织各边界以输出有战略意义的故事。

步骤4：听取报告

将从步骤1中搜集到的同事评价与步骤2中收集到的风格描述进行对比。这些看起来是不是准确地概括了大多数人对你的评价？这些评价与相对应的价值交付风格是否一致？

以下所列的报告主题可能对你有所帮助：

- 你有哪些强项易被人注意到，而自己却不以为意？
- 这些产出结果评价和价值交付方式描述反映出来的，是你用以做出判断、选择和决定的关键价值。
- 你用以发展该职业身份的理想且可行的工作场景是怎样的？

一个员工的职业身份会随着时间发生改变，而其本人却常常不自知。这就是为什么与你的同事或下属一起，尽早开始并定期重复该项练习会如此重要。你所获得的，是对于人们扮演各种角色时采取的方式好坏的反馈。我们都见过这种人：取得了丰硕的成果，却在身后留下了一连串的冲突、失序和解体等问题，因此交付方式十分重要。

如同所有的领导技巧一样，最好先在自己身上练习再用于帮助他人。与同事或其他思想伙伴一起尝试这套"确定你的职业身份"的练习吧。

使用职业身份帮助员工更好地与团队保持一致

作为一个领导者，你可能已经发现了，发展职业身份远比追求头衔、职位或地位要付出得更多。帮助他人追求他们的职业身份能够增强他们的投入程度，并帮助他们更好地融入团队。这里有一个案例可供参考。

萨拉是一家广告公司的主管，她发现公司的客户经理兰迪在客户演示方面表现出杰出的能力：他的客户演示总令人感到灵感迸发。萨拉还发现兰迪有着过分取悦客户的倾向，同时他常常忽视客户的暗示——他们已经准备好要听一听这个创意的定量分析的暗示。

萨拉让兰迪尝试使用"确定你的职业身份"的练习。兰迪得到的评价是"每一个客户都愉快而毫无疑惑地离开了"，萨拉马上问他最常扮演的两个角色是什么。兰迪回答说"取悦者"和"专家"。她接着对他进行辅导，让他认识到"取悦者"才是他的主要风格，而他需要在必要的时刻有意识地切换到"专家"的角色。使用职业身份工具使萨拉得以继续扮演辅导者的角色，而不需要事必躬亲地代劳兰迪的工作。

职业身份使员工与团队协同并投入

大多数人力求在工作中展现最好、最强的自己。每个人在团队所要求的基本技术或知识之外，都有其特有的专长。但很多人都希望了解自己除了知识、技术和能力之外的天赋，他们需要帮助以将这些天赋转化成有价值的价值主张。让他们描绘自己的个人商业模式模型，可以说迈出了很好的第一步。然后，在员工确定了自己的职业身份之后，他们很可能会有意识地去确认如何让自己的价值主张能够应对问题、事件、需求和趋势。

要知道经验不丰富的员工可能没有足够的工作成果可以用来作为被评价的依据。此时要鼓励他们自我观察，对小的成果也要加以关注（而不仅仅是自己的活动），并向他们服务的对象搜集反馈。在本章后面部分有一个案例：一个领导者是如何使用职业身份工具为团队挽回了一位极具价值的成员，同时促进了一个重要的新部门的业务发展。

猜猜谁被雇用了

　　一个明确的职业身份常常会揭示受到工作类型制约的、新的机遇。例如，在一家医疗器械生产商举行的面试中，参加应聘的研究机器人医疗设备的工程学博士小林仁（Hitoshi Koba），放弃了他的专注技术背景的自我介绍，即兴将自己的职业身份定义为"对抗动脉硬化战斗中的一名勇士"。面试官对他印象深刻：小林先生的职业身份让他跳出了"工程师"这个范畴，瞬间将他同公司的目标结合在一起。猜猜谁被雇用了？

脱靶

"我丢了GHS和州府的投标，是不是砸了自己的饭碗？我觉得我没有方向了……"韦恩说。他看起来很担心。

这引起了FLR运输咨询公司的人力资源主管吉姆·托马斯的注意。他在韦恩的陈述中听到了挫败、忏悔和求助等信息，并立即意识到FLR可能正面临失去一个重要员工的危险。

韦恩是一名高级运输工程师，在这两个项目丢标之际，他正准备就任总工程师。吉姆怀疑韦恩在策划和准备投标演示的过程中，过度遵从了客户方项目负责人的意见，而该负责人偏好有大量数据分析的幻灯片。丢了两个项目后，韦恩感到灰心丧气，他要求与人力资源主管进行一次保密谈话。

韦恩在FLR公司的形象类似于"公司的书呆子"。尽管韦恩本质上不是一个信息技术专家，但他引入的很多工具提升了公司对于云技术的使用能力。吉姆认为，当下韦恩丧失了对自我贡献的评价能力，甚至对这个有前途的新兴市场的评判能力。吉姆要求韦恩完成"确定你的职业身份"练习的第一部分，然后两天后又与韦恩进行了一次私密的谈话。在他们的第二次谈话中，韦恩拿出了一份内容如下的工作产出成果自我评价。

接下来，在吉姆的注视下，韦恩为该练习的步骤3写下了如下内容（总结你的职业身份）：

> 我在大家搜集到的海量数据中挖掘出趋势，但我不是个程序员或软件极客（software geek）——我让看起来神秘的数字看起来更友好。
> 我将数据转化成客户赖以做决定和解决真实运输问题的信息。

吉姆和韦恩就韦恩的自我评价展开了讨论，他们将重点转到了

> 用数据讲故事，以帮助客户深入理解问题的"书呆子"。

最近的一次战略策划培训。FLR管理层预计谷歌的计算机驱动汽车（computer-driven cars）将会早于预期进入城市，而智能高速公路和无处不在的内嵌式监控将做到及时汇报人们身在何处和往何处去的信息。但实现这一切需要大量的工程项目和数据科学工作——FLR正巧可堪当此任。

然而，在那次战略决策培训中，FLR在其商业模式中正式添加了一个新的价值主张（为城市提供基于云技术的智能交通网，以现有基础设施实现两倍于当下的客运能力）、一项新的核心资源（大数据分析能力）、一项新的关键业务（为城市设计智能运输系统）。

吉姆让韦恩在办公室的墙上贴了一大幅"有价值的工作探测器"的表格，写上至少一个与FLR最新战略决策相关的元素。韦恩迅速将他的个体价值主张与三个PINT元素进行了匹配。

当看到韦恩写出了一项他可以为FLR做出的新贡献时，吉姆满意地笑了。他认为这些工具确实让他的工作变得更容易了。聚焦于一个外在目标和实在的任务的确让一切变得不同了。当人力资源主管想到这么多年来的工作方式时，他禁不住摇了摇头。

在这个过程中，两个人都极其明确地看到，韦恩是FLR发起建立智能交通系统这个新部门的理想人选。几天后，公司CEO便同意了这个任命。如今，韦恩非常高兴他可以为FLR完成更重要的任务——吉姆也对自己展现了真正的领导力而备感欣慰。

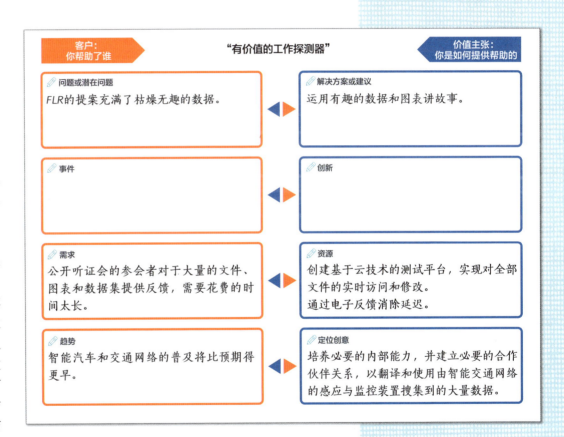

"术式"决定个体能否融入团队

技能+方式

有时候某个个体在团队中出现问题的原因，从根本上讲在于行为方式（style）而非其技能（skill）。在某种程度上，这是由于领导者对于员工禀赋的视角常常是一维的造成的。他们过度聚焦于技能，而忽略了行为方式的力量，而工作的结果恰恰是通过行为方式传递出去的。技能+行为方式的组合（Skyle，"术式"组合）不仅考虑员工能做什么，还包括他们如何做。好的"术式"意味着对人轻松友好，且其工作表现与角色、领导、团队、组织和客户相配。差的"术式"意味着相处起来不舒服、与他人疏离或在团队内引起摩擦影响团队输出成果。

通过加强自己对团队成员工作方式的敏感度，你可以帮助员工融入团队，同时增强自身管理能力。第一步就是识别员工的职业身份，包括效果不同的各种个人风格。当有人表现出良好的个人风格时，领导者所面临的挑战就是如何支持这种风格保持下去，同时避免对于这种风格的过度发挥。对于不良的个人风格，需要尽量早、尽量频繁的进行干预。

当有人表现出不良的个人风格时，要进行一次关于改变之困难的谈话。若其技能没问题，而真正的问题在于其行为方式，可以调整谈话，既谈技能也谈个人风格。做这件事情也有一个很好的第三方工具可用——术式象限（Skyle Zones）。

术式象限

术式象限是一个四象限模型，横轴代表技能，纵轴代表个人风格的有效性。例如，一个低技能且个人风格低效的人落在得分最低的左下象限——"坚决不要型"象限，而一个技能强且个人风格有效的人则落在右上象限——"主流型"象限，依此类推。

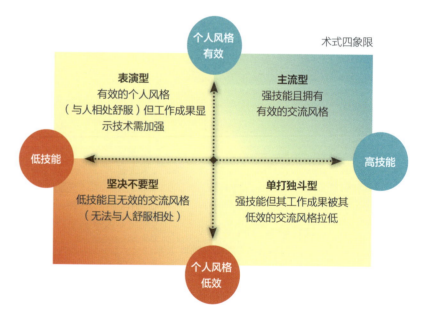

还记得兰迪吗？那个广告公司的客户经理。他的老板艾伦跟他一起利用术式象限，描述了他在上次客户演示过程中的表现是如何落入了"单打独斗型"象限的。在一个又一个创意策略的比较过程中，兰迪忽略了客户想要了解的是支撑每个创意的坚实数据基础。简言之，他更专注于自己的创意本身，而不是客户的兴趣点。

在提醒兰迪他的强项是"取悦者"和"专家"之后，艾伦提出了上次客户会谈中几个被兰迪忽视的客户暗示，而他本可以趁着这些暗示之势将风格从"取悦者"转为"专家"。他们商定了几个在未来谈判中艾伦可以用以提示兰迪的信号，也就是当她发觉风格需要转变时会向他发出信号。如此，兰迪就得以调整自己的风格以更好地为团队服务，并获得更大的个人成功。

术式象限为领导者和被领导者提供了一种将讨论聚焦于绩效和定位需要做出的调整上的方法。在对他人使用术式象限之前，要确保对于其他人对被讨论对象行为的反应，已有了特定的观察和相应行为的描述。这就需要事先向其他同事征集反馈，避免仅依赖你的个人意见或反应。

所有的领导者在雇用一个强技术型员工时都会冒一定的风险，因其可能最终会由于自身的无效交流风格进而无法（或不愿意）满足团队或组织的需要。通常，领导者或招聘经理错误地假设是"技能"创造并保持了组织的成功，最终却发觉这些技能的传递方式并不会削弱技能的效果。

现在，利用下面的术式象限练习一下如何使用这个工具吧。

周一早上尝试的事情

帮助一个人改进他的"术式"

术式象限可以帮助你完成有难度的沟通任务。试着用它帮助：一个需要将个人风格向"主流型"靠拢的人，或者一个需要调整自身的低效交流风格以脱离"坚决不要型"或"单打独斗型"的人。术式象限可以保证对话的客观性，将焦点放在行为而非人格上。

第一部分：与一个团队成员或直接下属进行一次关于其工作技能和个人工作风格的谈话，向其解释术式象限以及它是如何保证这段关于工作风格的谈话始终客观和有建设性的。作为作业，请他们完成一个术式象限模型，用便利贴草草记录几个他们最近表现出的行为，再将该行为放入相应的象限。告诉他们你也会做一遍同样的事情，并且在下一个部分中，对你们两个的便利贴内容进行比较。

第二部分：当你们再次见面时，首先理解对方，再争取对方的理解。小心地检查他们的术式象限内容，询问他们所写的行为描述，直到充分理解该行为（并不需要认同）。如果对方准确地识别了一个有问题的或一个受欢迎的行为，认同他们的判断并进一步讨论该行为。确保你对他们识别出的行为的关注，而不是关注那些你错过的行为，或是那些对方表格中对行为象限的划分与你不同的行为。这是一个有价值的反馈，可能会带来进步所需的领悟。

你想要讨论的行为可能只出现在你填写的那张术式象限表格中。如果是这样，需要指出来。确保如此描述该行为：①客观地观察（最好多来源地观察）；②究其后果（或无果）。讨论，然后确定最好的行为方式应该是怎样的。

如果你觉得识别该员工的具体行为有困难，想象一下面对相处时间更少的人时，这会变得更难，而这些同事同样需要你的反馈。考虑养成记录术式观察结果的习惯。

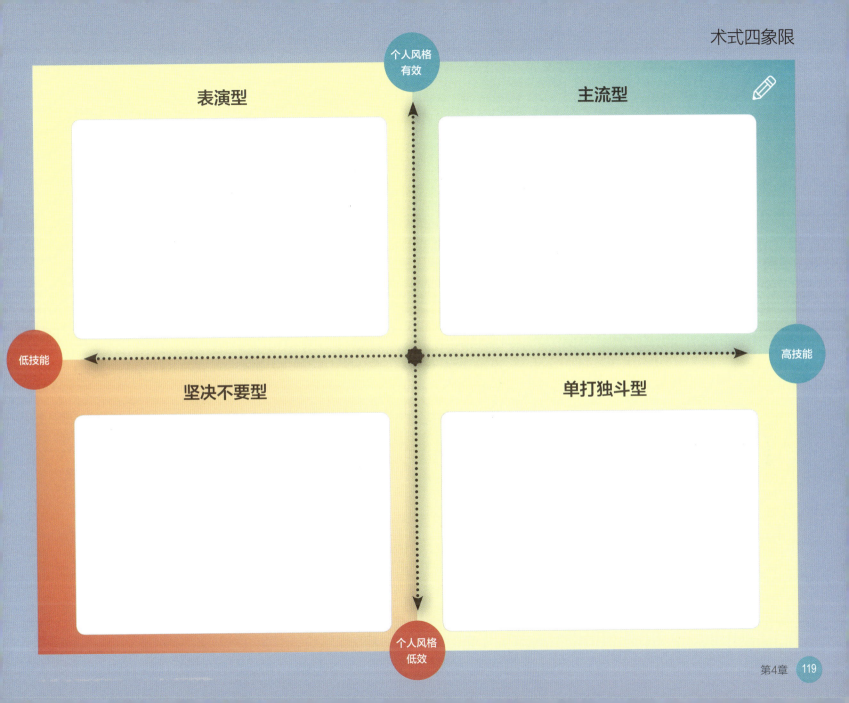

快速回顾以及接下来的内容

快速回顾

　　用画布描述的个人商业模式明确了个体向客户交付价值并因此获得"硬"福利和"软"福利作为回报的逻辑。最重要的是，它使个体的价值主张得以与团队或企业的价值主张进行比较。

　　职业身份描述了个体的职位本质：特定结果被输出，以及传递该结果所使用的方式。

　　将价值传递出去时使用的个人风格是职业身份的关键元素。成功的传递方式要求技能和方式（术式）兼备。当同事需要将其风格向更好地服务团队且更好地实现个人成功的方向调整时，运用术式象限评估并给出反馈。

接下来的内容

　　当一个优秀的员工没能为你的团队目标做出贡献时，你该做什么？或者当你的下属不够优秀时，你该怎么做？你如何在追求团队目标的同时，有效地扮演团队导师的角色？第5章是对"广泛定义工作职责"内容的扩展，以解决上述问题，并提供解决这些问题的新方法。

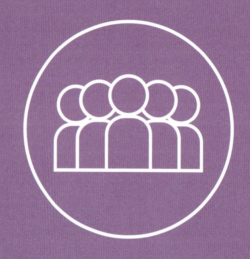

第三部分

团队合作

运用商业模式思维下的新型管理工具提升团队合作。

第 5 章

跟我一起开始

跟我一起开始

对于领导者,没有什么工作比看到有人因自己的引导和鼓励而迅速发展更令人满足的了。同时,也没有什么工作比训练、调配或解雇员工更难做的了。没有任何一个管理策略能够做到既降低管理工作的难度又保证管理工作的成果,但大多数领导者都认同:如果可能的话,直击被管理对象的动机,是一种相当宝贵的能力。

说人在工作中存在驱动因素是有科学依据的。过去几十年的研究成果已经识别了四个人类内在动机:目的、自主权、归属感和专精。[1]对于每个动机的描述列于左侧的表格中,看一看在你身上是否也存在这四个动机。

内在动机	定义
目的	对于完成一件超越了自我的事情的渴望
自主权	主宰自己生活的愿望
归属感	被人认可和与人联结的冲动
专精	增进某项重要技能的驱动力

然而,领导者面对的问题不是确定人们的动机是什么,而是如何利用这四个动机。怎么做才能够如同把手放在撬动行为的杠杆上一般,最直接地使人给出被期待的行为?

答案很简单,但理解这个答案需要一些背景逻辑。

首先,很明确的是无论如何领导者应该在个体层面,将团队或企业的目标与个体内在动机进行连接。人会成长,但无论在哪个成长阶段,你也不会看到他们将自己的内在欲望表达为:第四季度收入增长,明年夏天之前完成升级软件的发布,或者使某社会服务机构的成功领养数量增加一倍。这些目标都是激励传统组织领导者的里程碑,而真正能够驱动个体的是目的、自主权、归属感和专精。

这就意味着最普遍的激励方法——机械地强化团队和组织目标的一致性而全然不顾人性化的动机，最终会以双方的失望而结束。领导者需要一种同时满足所有四个人类动机的激励方法。想一想以下这四个动机是如何与工作建立联系的。

目的：工作意味着帮助他人。个体通过对企业商业模式的学习能够理解他们的组织帮助了谁，同时他们能够在更好地帮助他人完成工作的过程中找到目的。

自主权：人们有能力学习管理自己的工作、生活，特别是在一个优秀的领导者的引导下。这里说的"自主权"是指心理学层面上的动力或自我效能（self-efficacy），而非不依赖群体的意思。没有人喜欢被告知该做什么，而大多数人喜欢归属于团队。

归属感：对许多人而言，工作环境提供了强烈的归属感和社交互动，并且被一个有着正式任命的权威人物认可对几乎所有人而言都是强有力的激励。

专精：工作环境是大多数人形成技能和积累经验的场所，而能够对此产生促进作用的领导者会赢得忠诚和尊重。

这四个激励因素同样可以由家人、朋友、爱好、运动、信仰和其他追求提供。但对于大多数人而言，工作环境以及工作本身是这四个激励因素的主要来源。此外，对大多数人而言，各种各样的工作随着时间的推移最终会形成所谓的职业。人对职业的这种关注（career concern）是能够一一满足四个内在动机的，而这四个动机就是触发行为的杠杆。任何人的职业现状都可以用一张个人商业模式表格准确地表达出来。如果你想知道如何激励员工，敲一敲那扇叫作"职业"的门吧。

职业合作

职业之美在于每个人都有自己的职业！有的人以比他人更优雅的姿态在职业生涯中前行，而大多数则是迫切地欲以最快的速度抵达最远的目的地。好的领导者能够识别个体的职业关注，并以一种极少数领导者能够采用的方式帮助他们，向他们展示如何通过完成团队或组织的任务实现自身的发展。职业合作就是利用个体动机的有效方法。

职业合作是指通过影响某人对自我、他人以及市场评价的理解，而帮助他更好地管理他与工作的关系。[2]

这里有一个让人感到不舒服的事实：就大多数人的经历而言，他们做过的那些或多或少看起来随机选择的**一系列工作**，最终**总结起来很**大可能都是围绕着同一个主题展开的。简而言之，多数人的职业发展是因为没做某些事情，而不是做了某些事情。职业发展中的这种做减法行为被称作"在职业生涯中从一而终"。[3]大多数人不仅将从一而终理解为一种方法，而更愿意真正投入到自己的工作中去。要做到这一点，他们就需要一个"对工作的更广泛的定义"——这个定义可以将他们的职场行为同团队目标和个人成长联系在一起。

职业合作不但提供了"对工作的更广泛的定义"，也提供了实践这个定义的工具。职业合作的主要任务是将发展目标设定为个体，但领导者要定期提供反馈和引导，以帮助员工通过完成团队和企业的工作而实现个人发展。

如何在职场中联合不同年龄层的员工

为了吸引并留住有才华的员工，组织付出了大量的努力对各年龄层的劳动人口进行分析——婴儿潮一代、千禧一代、"屏幕少年"新新人类等，并努力寻求应对各年龄层员工之间差异的方法。但与其担心这些年龄差异，为什么不聚焦于如何联合他们？有一个关键的首要元素——职业是所有年龄层员工共有的，可以说每一个组织每一个阶层的每一个员工都有。

看不见的证据，心痛的发现

盖洛普（Gallup）公司是一家总部位于美国的调研和绩效管理咨询公司，其调查对象遍布全球，达2500万之众。该公司有一份名为Q12的著名问卷，只有12个问题且非常简单，被用来评估员工敬业度（engagement）。员工敬业度被定义为员工对领导的情感承诺。查看盖洛普公司的Q12问卷，我们发现其内容中近半数的问题直接与职业关注相关。

Q12敬业度问卷问题	对领导者的启示
1. 我每天在工作中都有机会做我最擅长的事情	职业进步是由技能和专精的发展产生的，而非职位晋升
2. 我觉得我的主管或同事关心我的个人情况	与领导者的私人关系是个体感到被重视，而不仅仅感到被评估的关键
3. 在工作单位有人鼓励我进行自我发展	员工希望领导者能帮助他们在工作上取得进步
4. 在过去的六个月里，工作单位有人与我谈及我的进步	成长需要领导者的定期反馈
5. 在过去的一年里，我在工作中有学习和成长的机会	好的领导者重视个体发展，而不只是个体生产率

独立调查表明员工选择离开一个组织的最普遍原因是缺乏进步机会。[4]另一项研究也发现大多数雇主认为领导者和员工应当联手使员工职业管理实现进步。[5]

讽刺的是：咨询公司提供的大多数以促进员工敬业度为目的的计划都聚焦于招聘、福利和激励方案、领导者培训、沟通改进以及提高员工调查频度。可以肯定的是，以上这些活动不会降低员工敬业度，但它们让本来稀少的领导力发挥渠道变得更少了，转而投向其他方法，而这些方法都无法满足员工的职业合作这项最关键的需求。如今，几乎没有领导者会去教导员工如何持续进步。那么，你会教你的员工什么呢？

职业合作框架：三个问题

三个关键问题（无论是否被有意地表达出来）是渴望在工作中实现进步的员工做出决策的基础。这三个问题构成与职业相关的所有可能行动的合集。当你阅读本部分内容时，将你的视角调整为寻求职业突破的职场人。

问题1

现在是时候提升了吗？

当你喜欢自己的职业、组织和角色时，并且你想要取得进步，就是该提升的时候了。提升意味着进步，但并不一定要获得升职。人们对进步的定义各不相同。对有些人而言，进步可能意味着更大的责任和更高的薪酬，而对另外一些人而言，进步可能意味着向一个更能带来满足感的角色的转变，而与职位和薪酬无关。

问题2

现在是时候退出了吗？

当你已经不再适合现在的职业、组织或角色时，就是该退出的时候了。注意"退出"也可以是留在原来的组织中，只是退出某一个不再适合的团队或角色（或换一个主管）。前瞻性思维的领导者明白，讨论退出的选择跟质疑员工的忠诚度并不是一回事儿。真正的领导者想要为员工找到令其禀赋得到最好发挥的位置。

问题3

现在是时候调整我的工作方式了吗？

当你喜欢你的职业、组织和角色，但没有实现自己想要的进步时，可能是时候调整你的方式了。要注意以下两件事情：第一，职业的停滞主要责任在你自己而非他人；第二，很可能不是能力的问题。相反，可能你交付价值的方式可以向更适合你所在环境的方向调整。识别并实现所需的方式改变需要优质的反馈意见和良好的训练（见第116页相关内容）。

关于以上三个问题你需要记住的五件事

第一，每个人都需要反复地回答以上三个问题。这不是因为他们每次给出的答案都是错误的，而是因为人是不断进步的个体，而他们所处的劳动力市场也是不断变化的。这就意味着人们应该定期调整自己的个人商业模式，调整自己的工作方式，退出原有的组织，转而寻求一个新的团队或新的老板，或者向上提升以为组织目标做出更加有效的贡献。

第二，不需要每天都对以上三个问题回答一遍。这些问题只对那些感到需要做出职业改变的人或者迫于外界压力不得不做出职业改变的人有用。

第三，使用以上三个问题的领导者需要用行动表示他们对于自己和其他同事的个人发展有着严肃、认真的态度。通过他们的行动，他们可以要求其他人将承担支撑团队目标的工作作为自己的责任。这种责任分担的做法减轻了领导者的负担，要知道领导者本已承受着巨大的压力，这是因为其必须将更多的时间放在辅导团队上。

第四，这三个问题将领导者和员工共同的需求——开诚布公地讨论提升、退出和改变工作方式的选择变得名正言顺。人们可以私下里在心里对自己的工作进行盘算并做出决定。但这远不及公开地同领导一起探讨这三个问题的答案有效率，况且在探讨的同时，双方还可以就该员工的禀赋如何得以在团队或企业中最好地施展达成共识。这种方法将职业发展（通常作为一个被动的知识性概念）变成了一个实在的活动。

第五，使用这三个问题可以降低工作相关沟通的难度。

如何使用这三个问题

许多领导者都害怕讨论下属的绩效、职业进步、"匹配"、岗位调动或解聘问题。关于这些问题的沟通令人紧张、尴尬，并且涉及很多情感。这就是这三个问题能起作用的地方。它给了交流双方一个共同的语言背景和一个中立的立场，使得双方可以舒服地寻求和描述职业变动决策的三种可能性。当双方对这三个问题都有所了解时，一次"关于三个问题的谈话"邀请就预示着一场建设性的、坦白的、有共同语言的交谈。这可以缓解紧张的情绪，并使得沟通的难度降低。一旦熟练掌握了这种方法，你就可以分以下五个步骤用在你的同事身上。

1. 准备

对于这三个问题的谈话需要双方都进行准备。让你的谈话对象对这三个问题进行研究，可以将这本书借给对方，或向对方提供在线的免费资料。在交谈之前理解概念和语言背景十分关键。另外，准备可以让谈话简短而有效。

2. 邀请

几天或一个星期之后，邀请你的同事进行一次此类谈话，要求他们准备两件东西：①一个当下的个人商业模式模型；②他们的想法（不一定要写下来），即认为这三个问题中的哪一个当下观之是最突出的。对于你而言，你要做好讨论团队的当下商业模式的准备工作。

3. 参与

以下是被证明可行的实施交谈的方法。

a. 问："哪一个问题看起来与你的当下最相关？"

b. 在听到问题后，不要立即讨论这个被选中的问题。相反地，要先讨论另外两个问题。例如，你可以说："有意思，我们等一会再来讨论这个问题。但首先告诉我，当你想到另外两个问题的时候，你的想法是怎样的？"这可以促使你的谈话对象在脑海中回放另外两个问题下的工作场景。或者你可以让你的谈话对象运用个人商业模式画布讲解另外两个问题对自己意味着什么。

c. 回到起初选择的那个问题上。你可以问对方为什么在谈话之初这个问题会看起来更加突出。然后，探究在经历了步骤b之后，是否仍然认为该问题最突出。请对方确认，现在哪一个问题看起来最为突出。

d. 如果你同意对方的意见，可与对方一同构建一个新的"想采用"的个人商业模式模型。新模型一定要与双方确定最为突出的问题相一致（也可以将此作为作业布置给对方，留到下次会面讨论）。如果你不同意对方的选择，你可以说："可以告诉我为什么你认为这个问题最为突出吗？"然后你可以提出：

- 对其行为或价值交付方式的评价。
- 你观察到的对方工作中的成果或失误。
- 团队商业模式与其个体发展的结合点。

如果你们双方都觉得没有迫切的需要做出任何改变，那么此次会面就结束了。此次交流的重点在于，不要强制去改变或修正什么。有时候你只是需要确认一切进展良好而已。保持冷静并继续努力！如果你们中的一方或双方都觉得迫切需要做出改变，即进入步骤4。

4. 退出

结束谈话。给对方一天或三天时间思考这个谈话过程，并完成对自己的个人模型的修改。如果你供职的是一家小型企业，你会感到自己无法向对方提供任何正式的职位晋升，但你可以选择其他形式的激励。作为职业合作的双方，你和你的谈话对象可以探讨接受组织中的其他岗位，接受一项延伸任务，与另外一个同事相互学习接受尝试精雕细琢的工作（job crafting），6 或者采取其他促进成长却不需要正式职位晋升的行动。这里的关键在于防止员工变得被动，或者感到自己是有资格获得晋升的。如果有人不切实际地认为自己应获得晋升，最好实事求是地继续进行以"退出"或"调整方式"为主题的谈话，而不是单纯地希望对方会自己想明白。

5. 跟踪

再次进行关于这三个问题讨论的谈话，讨论内容为上次谈话后对方调整了的个人模型。记住，你们是合作关系，因此你要在一开始就设定基调：你们要共同完成这个"想采用"的个人模型，回顾对方的个人模型所解决的最突出的那一个问题。现在你扮演的是教练的角色，正在就对方"想采用"的个人模型展现的可能性进行现实评估。现在重申一个关于建模的重要事实：建模是反复迭代的过程。你可以根据当下的情况和资源，仅部分实施"想采用"的模型。这样的建模同样是成功的。确保讨论结束时，双方已明确要实现"想采用的"模型，以及各自应完成的行动。当然，主要责任在员工本人，但你也需要采取配合行动或提供相应资源。

刚开始使用这个工具的时候，需要更频繁地就这三个问题进行讨论，尽量做到每4～6个星期进行一次20分钟的谈话。之后，你可以减少到每三个月一次。重要的是要保证谈话频度足以让你督促员工对自身的重大成长挑战或成长机遇采取行动。和其他的讨论一样，行动之后的反馈越及时，反馈能产生的影响就越大。例如，在一个重大项目完成前后，就是进行该讨论的好时机。

问题1 现在是时候提升了吗？

问题2 现在是时候退出了吗？

问题3 现在是时候调整我的工作方式了吗？

处理棘手的沟通

许多管理者倾向于回避与员工进行职业相关的讨论,并希望所有的问题能够自行得到解决,但仅仅希望并不是一个好的办法。对于领导者和员工双方而言,理解为什么关于绩效的沟通总是令人尴尬甚至会引发争议非常有帮助,这是因为领导者既需要对公司负责,也需要对自己的下属负责。

有时候,你的团队所需要的是任何团队成员都无法提供的东西。这对每个人而言都是很糟糕的情况。如果你的员工都是经过认真招聘且受过良好训练的,这种情况发生的可能性会极小。但对有些员工而言,可能会出现"完全合理的"不匹配,且无法解决。这时你就需要展开一段艰难的沟通了,是时候退出了吗?

首先,记住退出并不意味着必须离开组织。它可以意味着离开某一个特定角色或退出一段上下级关系,或者退出一个团队,从而被重新调配到更加能够扬长避短的岗位上去。彻底地退出,当然意味着离开组织。这种退出可能是基于糟糕的个人绩效或者由于超出个人可控的原因,如经济衰退或者某产品或服务的中止。

退出通常是由于不合适,但大多数人起初感受到的是失败。领导者需要基于以下几个理念设定沟通的语境:

1. 职业进步需要的不仅仅是才能,还需要合适的环境。如果一个个体具有一定的技能,但不具备与某种客户或同事相处的能力,就是退出的时候了。

2. 所有的工作都是临时的。随着客户、市场或组织的变化,所有的工作都是不断发展的。

3. 关于退出的沟通应有事实做支撑(事实不仅限于绩效数据)。领导者可以坦白地提及完成工作所需的超额时间、由于某种工作方式引发的不必要的情绪反应,或完成工作所需的额外辅助。

以严厉的爱提升雇主品牌形象

不是每一个领导者都有足够的情商和人际沟通能力来处理棘手的沟通。美国的一家运输工程公司是这样应对这个问题的：将两个能力互补的领导者进行配对组合，与一位能力出色但不匹配的工程师进行一场棘手的退出沟通。几个月后，这两位领导者惊奇地发现，这位被辞退的工程师回访他们并向他们表示感谢，因为"你们让我明白了什么叫作'更适合'，而不是让我继续被困在一个错误的角色中"。这个小插曲将一个被解雇的工程师变成了一个亲善大使，同时提升了企业作为雇主的品牌形象。

在"三个问题"上，初学者犯的错误

问题1 现在是时候提升了吗？

问题2 现在是时候退出了吗？

问题3 现在是时候调整我的工作方式了吗？

卡伦是一家食物生产企业的总经理。该企业产品门类众多，从冷冻面团到半成品点心，产品生产需要高度专业的机器设备。她正面临着一个问题，这个问题是由负责管理冷冻食品生产部门的部门经理艾伦引起的。艾伦是一个出色的生产设备技师，但他所管理的团队对于他易怒而傲慢的工作风格的抱怨愈演愈烈。卡伦对于即将与艾伦的会面感到头疼。这种情况需要的不是训斥，但卡伦希望这次谈话能对艾伦产生影响。她读过有关"三个问题"的材料，并决定尝试使用这种方法进行处理。

在会面中，卡伦向艾伦讲解了"三个问题"这种方法，并问艾伦他认为自己与哪个问题最为接近。此次交谈很快中止了，并以卡伦提出的令人不安的最后通牒结束：要么调整你的方式，要么就离开！

之后，卡伦意识到这种情形涉及人格问题且已超出她的专业范围，因此她让人力资源主管为艾伦请了一位教练。在第一次辅导课上，教练很快发现，艾伦喜欢解决机器的技术难题胜过一切，他没有意识到自己在解决问题上的天分。结果就是，他认为其他人应做到像他一样有能力预见和防止问题的发生。这使得他在实时故障排除工作中表现得易怒且傲慢，而这种态度又令他的下属感到备受羞辱。教练之后又与艾伦的几位同事进行了简单的私聊，他确定艾伦拥有粗犷的工作风格。

在第二次会面中，教练问艾伦："这个管理角色是不是你真正想要的呢？这个角色似乎并不适合你的工作风格和你的性格。"在这场轻松而私密的谈话中，艾伦承认了一个事实："我热爱故障排除工作，但我真的很不喜欢做管理。"

解决方案是什么？艾伦继续留在公司，但退出了原来的管理角色。许多领域都需要机器设备故障排除专家，因此卡伦和艾伦商量后决定将艾伦打造成一位内部顾问。艾伦保留了原有的头衔，但不需要承担员工管理的责任。整个公司都因为这个改变而获益了。

经验教训

先分享方法

卡伦尝试用"三个问题法"解决危机,但对于这种情形,在问题出现以前就采用这种方法的话,其解决效果会更好。至少她可以要求艾伦事先自学一下"三个问题法",并做好进行"三个问题讨论"的谈话准备。而她却犯了一个典型的教学错误:在一个高压环境下,教授一项新的技能并同时强迫对方应用该技能。

理解"技式"的重要性

卡伦在此次事件中准确地意识到了人格的重要性,但如果她能够早点意识到员工不是通过他们的技能输出价值,而是通过他们的技能和工作方式的有机组合,或者说"技式"输出价值的,那么一切会更好。对"技式"重要性的察觉可以免去聘请第三方教练的需要。许多与职业发展相关的沟通,在员工合理地表明自身的技术水平能够充分胜任时,往往会脱离沟通的目标轨道。同时,领导者会试着强调技能输出的方式方法。教会员工工作技能和工作方式的不同,以及"技式"对于职业进步的意义,是需要时间的。

信任是关键

卡伦的权威威胁到了艾伦,让他无法对她信任并向她坦白一个难以承认的事实。但事实证明,说出这个事实令艾伦获得了职业进步。"三个问题法"明确承认了职业合作是为了帮助有能力的员工取得更大的成功而做出的共同努力,从而建立了双方的相互信任,同时将问题在危害整个团队之前就解决掉。

帮我进步

实践"三个问题法"的领导者知道要定期帮助员工检验其在组织内的职业进步情况，并明确其提升、退出以及改变风格的个人策略。反过来，这些员工也会主动地进行职业成长并承担以下职责：①了解相关团队或整个组织的商业模式模型；②了解自己的个人商业模式模型，以及该模型如何为上层模型做出贡献。

团队和个人模型都是不断发展的。个人模型常常与生活中的变动同步：结婚、生子、疾病或离婚、获得灵性觉知、年龄增长、照顾年迈的父母或任何其他的经历。

同时，团队商业模式可能会发展得更快。所有的企业（或团队）模型最终都会过时，但在过时之前，它们也会因为某些原因发生改变：新的战略重点，重组或并购，新的领导团队或科技、经济以及竞争环境的改变。结果就是，领导者的成功与其在个人和团队模型间的闪展腾挪的能力，以及引导两个模型同步的能力密切相关。这一职责要求领导者对于个人和团队模型的变化具备洞察力与感知力。

团队模型

2018　　　　　　　　　　　　　　2028

个人模型

职业发展的新观点

职业发展在传统意义上被视为一系列的选择。"三个问题法"将职业看作一系列的改变。传统的观点同时假设职业进步与年龄增长同步,但快速的社会变革和技术革新已宣判了年龄标准的过时。想一想那些需要你帮助的员工:

- 一位45岁的母亲,在连续做了17年的全职妈妈后返回校园,获得了健康管理专业的MBA学位。在教室里,她身边坐着26岁的同学,而这些同学之后会与她在研究生就业市场上一起竞争基层管理职位。传统的职业发展模式无法预见到这样的情境。
- 一名22岁的机器人技术爱好者,具有6年正式或非正式的工作经验,正在从事智能手机定位应用程序的开发。她在应聘一家专注于全球定位系统的创业公司中的高级开发职位时,击败了35岁的对手。
- 一名50岁且有两个孩子的律师,无法放弃自己对航空航天的热情,加入了一个航空学项目,与23岁的数学奇才竞争。同时他在获得第一个硕士学位后,在喷气推进实验室(Jet Propulsion Laboratory)获得了工作。这份工作同样需要他的判断力和工程专业能力。

今天,对领导者而言,把职业看成与年龄无关(与正式工作经验关系也不大)的事物,并且聚焦于提升任何一个年龄段员工的职业进步,对其领导工作更加有所助益。下面一个案例可以帮助你做到以上两点。

五阶段职业模型

五阶段职业模型告诉我们，在人们的整个职业生涯中，人们会经历五个阶段中的一个或多个。而这些阶段与年龄、职位寿命或实际年龄都无关。相反地，这些阶段是由进取的欲望决定的。对"三个问题"的回答能够帮助人们决定自己是否该进入下一个阶段，保持现有的阶段甚至回到上一个阶段。

五阶段模型是价值中性的，它不判断职业路径是不是"正确的"或"值得的"。例如，有些人（或许甚至是大多数人）只达到了第二阶段。另一些经历了几个阶段后又回到了最初的阶段。但是仍然有人经历了所有五个阶段，然后再重新开始！再说一次，五阶段模型不判断职业路径的对错。相反地，它搭建了一个共同的语境，使每个人可以建设性地探讨职业进步，将压力感降到最低。这五个阶段分别是：

阶段1：测试你的训练结果

阶段2：发展你的专长

阶段3：在你的专长领域中成为领导者

阶段4：引领更加复杂的环境或超出你专长范围的环境

阶段5：管理复杂度更高的环境或重新开始

阶段5：管理复杂度更高的环境或重新开始

阶段4：引领更加复杂的环境或超出你专长范围的环境

阶段3：在你的专长领域中成为领导者

阶段2：发展你的专长

阶段1：测试你的训练结果

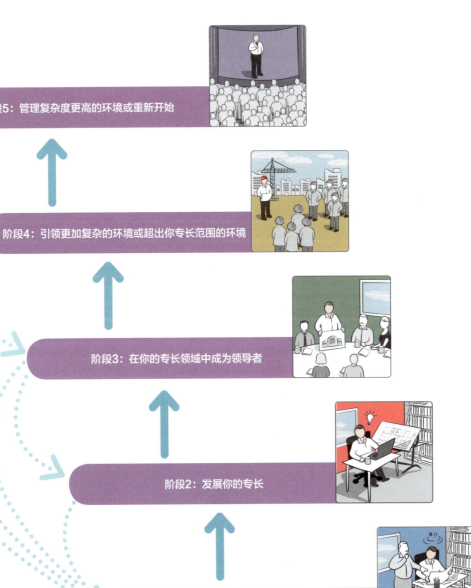

第5章 141

阶段1：测试你的训练结果

想象一下你要管理一所新建的高中、职业学校，或者一个大学毕业生即将开始第一份正式的全职工作。她需要"测试自己的训练结果"：去发现自己是否喜欢这份工作，这份工作是否符合她的预期，她所受的训练或准备是否充分，未来前景如何。下页的表格中列出了她可能会问自己的问题以及可以帮助她进步的提示性语言。这个阶段与个人商业模式模型的"你是谁？你做什么？"模块（即核心资源和关键业务模块）密切相关，因为这个阶段测试了你的知识和完成任务的初始技能。

记住，像琼一样的员工同样会经历阶段1。琼是一名41岁的历史老师，她离开了教育行业转而学习法律，如今已经成为一名律师。或者如托马斯，一名30岁的机械师，他为一家金属锻造厂工作，但在取得机械工程学位后，他寻求更大的挑战，加入了当地一家航空航天零件生产厂家来测试自己的学习成果。

阶段1：对员工及其领导者提出的问题

处于阶段1的人们常常问自己的问题	你如何应对以使其进步
这份工作真的适合我吗？	"告诉我关于这份工作你觉得最舒服和最满意的是哪些方面。与你觉得困难和不满意的方面对比一下。"
我对这个职位的想法是否过于天真？	"对于这个角色和你正在进行的工作，令你最感意外的是什么？"
我所接受的训练是否已使我为应对这个行业中真实的工作而做出了充分的准备？	"如果你可以回到过去重新选择一个不同的训练或教育，以胜任这份工作，你会选什么？"
我喜欢这份工作吗？我喜欢我的同事吗？我喜欢这个组织吗？	"描述一下以全力以赴投入工作状态下的你。这个情境中都有谁？正在发生着怎样的事情？你的目的是什么？尽量具体。"
什么样的契机对我的发展有帮助？	"描述一下在你理想中的下一个角色中，全力以赴投入状态下的你自己。这个情境中都有谁？正在发生着怎样的事情？你的目的是什么？尽量具体。"
我如何调整自己的工作方法，以承担更多的责任并获得更重要的工作？	"我想让你用以下工具了解其他人对你的工作"技式"的感受： -360度反馈法 -请一个人力资源工作人员采访一下你的同事或客户 -直接通过邮件、电话或面谈向同事征询反馈 -进行一次熟练测验以衡量胜任某项工作的能力"

阶段2：发展你的专长

阶段1给予员工机会以了解自己最擅长什么、最喜欢什么：一个识别将自身的职业基础建立于何种职业身份的机会。成功测试了自己所受的训练，并在阶段1内找到了合适位置的人，自然会主动寻求进入阶段2。在阶段2中，员工会发展自己的专长和在某个领域中的声誉。阶段2与个人商业模式中的"你如何帮助他人？"（即价值主张模块）模块紧密相关，因为人们需要为自己工作完成的结果建立声誉。工作结果的声誉逐渐变得比阶段1中特有的深层的内容知识（进修教育）或技术技能（进一步的培训）更为重要。

例如阶段1中的那个机械师托马斯，表现出了过人的精确度和认真，因此在阶段2中，他被委以与喷气发动机零件相关的工作。对于喷气发动机零件而言，极端精确至关重要。同时他表现出对于其他技术种类同事的工作快速理解的能力，以及迅速发展出与设计车间员工的友好关系的能力。

在阶段1中，从历史老师转行为律师的琼，迅速发现公司法领域不适合她。多亏了一位明智的领导，她在公司内获得重新安排，主攻家庭法领域。然后在阶段2中，她发展出了在孩子抚养权调节领域中的新专长，这有效利用了她长期与青少年以及他们的父母打交道的经验。

许多人达到了阶段2之后便舒服地将整个职业生涯固定在这个位置上。想象一个邮递员，享受一套例行流程，热爱不受束缚的户外工作，他想在其他工作中找到这样的组合并不容易。相似地，想象一位高中历史老师，热爱历史，每年都会因为改变了学生对历史的态度而感到激动不已，并且饶有兴致地担任学校获奖众多的辩论俱乐部的教练。他可能很愿意在从事25年教学工作后再退休。

如果你的组织希望员工长期处于阶段2，你可能需要对类似的行为提供特殊的奖励，否则，在阶段2中表现最好的员工可能会寻求领导角色（而事实上领导角色又并非他们想要的），因为这是唯一获得更高回报的方式。

阶段2：对员工及其领导者提出的问题

处于阶段2的人们常常问自己的问题	你如何应对以使其进步
我所受的教育和训练是否使我获得了令我满意的工作，以至于满意到应该继续留在这个位置上？	"你所受的训练和教育至今是否已得到测试？其他人是如何描述你在工作中的专长的？你对自己的专长如何评价？"
如果我继续在这个岗位上以求更加精专，那么我的下一个阶段的专长将是怎样的？在那个位置上的情形是否能让我感到兴奋？	"有没有哪些特殊的项目是你想去做的？什么样的工作可以让你得到一点施展？"
别人是否会向我征求建议或者征求我对于更复杂问题的观点？	"描述一次经历：有人找到你，并将你作为能够解决问题的人，咨询某项技术或某些意见。"
我是否已准备好领导同样从事这个岗位的其他人？	"请试着使用职业身份练习（见第110页）。练习的结果可以帮助你识别自己的领导者潜能。"
是否可以提升到领导者角色？	"描述你认识的一个人，他实现了想要的职业进步却并没有承担该领域的管理者或领导者角色。"
管理/领导工作会不会像从事我的专长工作一样有趣？	"在你'想采用的'个人商业模式模型中，找出一些包含帮助他人的关键活动，或者一些能够使同事受益的价值主张？"

阶段3：在你的专长领域中成为领导者

建立了良好声誉的员工通常会被要求进入阶段3并承担管理者角色。向阶段3的转变可能是所有阶段中最具挑战性的，因为在这个过程中人的视角和角色必须从自我管理切换到管理他人。

阶段3需要新晋的领导者聚焦于帮助他人的工作变得更加有效。特别是，新晋管理者关注个体核心资源和价值主张及将他们与合适的工作进行匹配的能力对于阶段3的成功十分关键。

那些在阶段3的日常工作指导中展现了出色能力的人，可能会被委以更大团队的管理工作或更具挑战性的目标。这可能意味着超越了管理而真正承担领导者的角色，超越日常的活动而展望并追求更好的未来，制定策略而不仅是执行，招聘及培训员工。这里要区分正式领导者（职级高于其他人）和思想领袖（非正式的或基于能力和声誉的暗示权威）。

例如苏诗玛，一名供职于医学院科研实验室的化学家，既是思想领袖又是正式领导者。作为一名正式领导者，她既监督科研工作，也管理实验室的人员。她监督其他的化学家和化验员，但她本人不做实验，也不操作器材。作为一个思想领袖，她负责研究设计，以使她的团队增加对癌细胞的了解。

而索菲亚，是一名生产技工，专门从事新建加工设备的现场培训工作。她提升到阶段3后，需要直接管理培训师，因此她承担了正式的管理职位。假以时日，她可能会被安排到真正的领导者角色上去。

最后，想想那个律师琼。在受雇3年后，她受邀加入公司的管理委员会。她接受了挑战，如今已担任管理角色，而对于承担这个角色，她并未受过正式的训练或做过准备。在学习担任新角色的过程中，她可能偶尔会感到没有头绪或者"不是自己了"。在这所相对更小的律所里，她需要同时承担战术管理和战略规划的责任，这就意味着她需要同时担任管理角色和领导者角色。只有时间能告诉我们这个新角色是否比她原来家庭法专业律师的角色更适合她。

阶段3：对员工及其领导者提出的问题

处于阶段3的人们常常问自己的问题	你如何应对以使其进步
管理/领导工作是否像从事我的专长工作那样有趣？	"关于领导工作，你最喜欢和最不喜欢的分别是什么？你之前的岗位是否有什么令你怀念？"
对于更多地关注他人的生产力而非我自己的生产力，我的感受如何？	"是否可以描述你的领导工作使得人们生产力提高的具体方法？请你描述一下辅导和管理他人之间的区别？"
我是否正在向职业管理岗位发展？	"在哪一个专业领域中你所做的工作比以前变少了？这部分工作如今谁在承担？"
我如何获得足够的影响力以纠正那些需要调整的流程？	"有说服力的沟通对管理者而言十分关键，你是否有一套增强自己说服能力的方法？如果没有，你可以试试罗伯特·西奥迪尼（Robert Cialdini）的《掌握说服科学》或者杰伊·康格（Jay Conger）的《必不可少的说服艺术》。" "这里有一张联合画布。告诉我你的团队模型是如何与更高层模型连接的？"
是否可以向更复杂的领导角色提升？	"除了你的专长所在的当下团队，你与哪些团队互动最多？你在哪些团队的影响力最大？"

有些新晋管理者发现自己的强项和满足感来源仍然停留在阶段2（发展你的专长）。例如，那个生产线专家索菲亚晋升为培训经理后表现不佳。她将太多的精力放在了她的培训师课程演示的细节上（她在阶段2的工作），而在她的新管理角色上却没有取得进步。如果一位有远见的领导者能够以"三个问题讨论法"辅导她调整自己的工作方式，从细微管理调整为给自己的培训团队寻找新的内部客户，她更可能会成功。

阶段4：引领更加复杂的环境或超出你专长范围的环境

在阶段3中，在专业领域成为领导者的经验会将人们带到一个职业路径的十字路口。那些在阶段3中获得了成功并享受该阶段工作的人将迫切希望进入阶段4：引领更加复杂的环境或超出你专长范围的环境。反之，那些在阶段3中没有感受到成功或者适合的人更愿意停留在阶段3，或者甚至想返回阶段2并且专注于发展自己的专长，而无须承担管理责任。

极少数人能达到阶段4，这是因为要达到这个阶段需要的是对于企业模型及其与底层模型之间关系的综合理解。技术技能变得不那么重要了，因为阶段4的工作要求关注的是不同专业团队之间的连接：这些团队在各自领导者的引导下，会相互合作，但同时也会为更多的关注和资源而相互"竞争"。处于阶段4的人会愿意教他人使用商业模式模型，以明确和协调他们即将领导的更复杂的情境。

例如劳伦，供职于通信巨头摩托罗拉的一个产品部门。这是一个优胜劣汰的团队，在组织极力应对剧烈的市场变化的过程中，不能学习并做出调整的员工会被视为拖了雄心勃勃的同事的后腿。提升意味着正式晋升，获得更高的头衔和薪酬，且负责管理其他职能部门。劳伦因同意在承担市场总监的管理职责的同时继续担任自己的销售领导角色而获得了升职。她获得了新的任命——市场营销副总裁，属于传统的向多职能领导职位的晋升。

向管理或领导角色的调整需要注意一个问题：在阶段3或阶段4中，若一个人获得了超出其能力水平的晋升（彼得原理），会很明显。在阶段3中，通常来讲，即便对于一个经过多年工作，已经在某个专业领域中达到完美的新晋管理者而言，领导岗位也是一个全新的挑战。许多新晋领导者都会发现，在能够更好地胜任领导角色之前，回到自己的专业领域会更舒服。在阶段4中，有些领导者发觉，对自己职业专长之热爱或忠诚是如此强烈，以至于把精力放在其他领域让人觉得既分神又沮丧。这样的领导者回到之前的阶段会表现得更好。

阶段4：对员工及其领导者提出的问题

处于阶段4的人们常常问自己的问题	你如何应对以使其进步
对于我曾经钟爱的工作，我是否正在失去与它的联系？	"当你需要与一个陌生领域的团队同事共事时，你的感觉怎样？什么能够让你在面对和解决他们工作中的问题、事件、需求和趋势时感到更加舒服？"
这个职位中的行政工作是否超出我忍受的范围？	"你在安排工作的优先级时感到最棘手的是什么，尤其是对你而言全新的领域？"
我如何对我的领域之外的职能领域（例如人力资源部门）的领导者施加影响？	"有说服力的沟通对管理者而言十分关键。你是否有一套增强自己说服能力的方法？如果没有，你可以试试罗伯特·西奥迪尼的《掌握科学》或者杰伊·康格的《必不可少的说服艺术》。" "这里有一张联合画布。告诉我你的团队模型是如何与更高层模型连接的？"
我如何能对我们组织的竞争力了解更多？	"用企业商业模式画布建立一个竞争者的模型。他们的运营方式与我们有何不同？我们可以如何借鉴他们的模型以达到自我改进的目的？"
我如何能够帮助我所负责的职能团队重新聚焦于公司的战略层面而非聚焦于最佳实践的执行？	"运用联合画布示范如何对团队模型或企业模型进行修改。"

阶段5：管理复杂度更高的环境或重新开始

对于在前四个阶段里面都能获得成功和满足感的极少数人而言，阶段5提供了两个终极挑战：①管理复杂度更高的环境；②重新开始一个新的角色。

詹姆士提供了一个领导更复杂环境的例子。他在阶段1从芯片制造企业AMD（Advanced Micro Devices）的人力资源专员做起，期间主持了一项健康调研，目的在于找到能够使AMD的健康和安全成本降低的参与计划。他对于动机对组织的影响有着强烈的兴趣，而这一兴趣引领他进入测量仪器巨头泰克科技（Tektronix）公司，并最终做到了阶段3的角色——人力资源副总裁。

但詹姆士注定要完整经历全部5个阶段。他离开了人力资源领域并负责运营泰克的一个纵向一体化的事业部，该部负责制造光缆测试仪器。如此，他进入了阶段4，成为集设计、生产、质控、营销和销售职能于一身的领导者。在这个阶段获得的成功，使他获得了管理最复杂环境、进入阶段5的机会——成为泰克科技分公司的总裁。

另一种类型如下：汤姆在阶段1从英特尔的初级生产工程师起步。在28年中，他实现了自己的终生目标：管理一家完整的加工厂（阶段5）。在平复了在50岁实现了自己毕生的目标的惊喜后，他决定重新开始回到阶段1，担任一个全新的"战略人力资源开发者"角色，对支持产品和服务部门的未来管理者提供支持。尽管他在人力资源方面是新手，他在CPU制造领域的深度经验使得他成为新晋领导者面对制造和管理难题时的导师。汤姆发现开始一个新的角色就意味着重新将注意力放在个人商业模式的元素上——你有什么（新角色所需要的知识核心资源）和你能做什么（关键业务输出结果所需的方法与流程）。

汤姆和詹姆士代表了达到阶段5后两种不同的但都非常令人满意的方向。詹姆士向一个组织的最高管理角色提升。汤姆退出了自己的技术领导者角色，而在一个新的职能领域中重启自己的职业路径——人力资源。阶段5是自我表达和最终的职业发展的大胆进步，体现了成功与能力的结合。

阶段5：对员工及其领导者提出的问题

处于阶段5的人们常常问自己的问题	你如何应对以使其进步
是时候退休了吗？是时候让自己尝试一个全新的位置了吗？	"画一个'想要采用'的个人商业模式，说明你的职业生涯的下一个阶段是怎样的。"
这个组织未来的领导者是谁？我如何能够指导或帮助他们？	"看看你的个人模型，你如何将你的核心资源、关键业务和客户关系交接给你的同事？在你思考潜在继任者时，想到了谁？"
在这个组织的继任计划中，我希望处于何种位置？	"在你认识的人中，有谁选择了承担传统的角色？在你认识的人中，有谁选择了承担一个非传统的角色？"

极少数人经历了全部五个阶段，更少的人经历过一次以上的周期循环，而大多数人的长辈经历的都是传统式的职业生涯：在一个组织中终其一生，经历五阶段中的两个或以上，这些组织可能是一个大都市的学区、一个政府组织或者一家强大的企业，如西门子、麦肯锡或者丰田。大多数人的身边都有这样的人，他们在达到五阶段中的某一个时选择回到上一个阶段重新开始，甚至选择回到阶段1。例如，那个45岁，变身卫生保健MBA求职者的主妇，在学习结束后将带着学到的大量知识和对当下社会有限的经验，"测试自己的培训结果"。

作为一个领导者，将"三个问题讨论"想成在个体的每一个职业阶段中不断旋转的陀螺，帮助他们找到获得更大职业进步的路径。在你身边的人取得进步的过程中，你需要不止一次地帮助他们提出并回答这三个问题。同时，这三个问题也可以让你对自己的职业阶段保持觉察，使你能够预期和确定下一步的最优选择。试着从下页的三个问题练习开始吧。

周一早上
开始尝试的事情

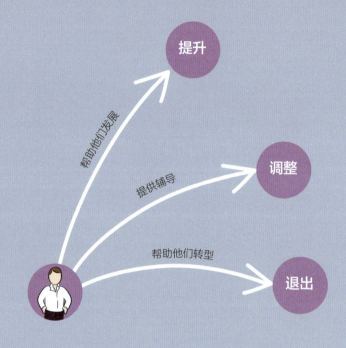

三个问题练习

该练习可以帮助你促进团队成员在最佳方向上取得进步:提升、退出或者调整。对于一个领导者而言,提升意味着发展的需求,退出意味着转型的需求,调整意味着对辅导的需求。

步骤1

在下表"同事"这一行写上1~3个下属的名字。选择你认为可能会从"三个问题谈话"中获益的人,例如一个或多个绩效最好或最差的团队成员。

步骤2

在每一个名字下面,在提升、退出或调整方式中做出选择,并简单描述事例证明为什么你认为你选择的这个问题在当下与该员工最为相关。

同事	1.	2.	3.
提升? 如何证明其需要提升			
退出? 如何证明其需要退出			
调整? 如何证明其需要调整?			

步骤3 确定与哪位同事的沟通最为重要,需要最先与其交流。在下面空白处写下在"三个问题谈话"过程中你会对他们说的话。

最后,这三个问题中的哪一个与当下的你最为相关?问问你的同事、朋友、上级或合作伙伴,他们认为与你最相关的问题是哪一个,理由是什么。

下一步

现在你已经学完了本章内容，你可以看着一个团队成员的眼睛，以最大的真诚对他说："我想要帮助你在事业上取得进步。"

你已经学过，对事业成果的关注是每一个职场人的共性，且事业直接驱动着人类的四个本能的心理动机：目标、自主权、归属感和专精。一个职业用一张个人商业模式画布得以描述，且该描述提供了一个简要的概述，可供讨论、领悟，以及最重要的是可以用来指导行动。

你也学习了如何通过职业合作增强员工的敬业度：通过影响某人对自我、他人以及市场评价的理解，从而帮助其更好地管理与工作的关系，这种方法将紧张而正式的谈话变为轻松且聚焦于行动本身的谈话。

另外，五阶段职业模型为你提供了一种现代化的方式来看待你的同事（以及你自己）作为职场人，如何取得进步。因此，在你想知道你的同事处于哪一个职业阶段中，或者他们是否需要提升、退出或者调整时，你就获得了对他们个人和职业生活的洞察力，并同时将自己放在了真正的领导者的位置上。

如果一个组织的目标尚未实现，那么完成这个目标的人必须相信"组织目标的实现从我开始"。实现这个目标不是其他人的责任，或是某些领导者就能够完成的，因此我们要从"我"开始，理解并支持团队中的个体，而正是这些个体构成了组织。

现在是时候看一看其他人是如何使用这些工具将个体行动与团队目标进行匹配的了——让我与我们同步。

第 6 章

"我"与"我们"同步

到目前为止，你已经学习了如何描绘组织、团队和个人的商业模式。打通这些商业模式将很大程度上减少组织中常见的猜测和冲突，从而提升工作的有效性。最基本的一点就是打通组织和个人的商业模式。下面的故事讲述了美国的一家成长型企业如何通过打通组织和个人重新塑造自己。

健身中心

鲍勃·法里斯

忘掉"有什么",从"为什么"开始

连锁健身中心Fit For Life一直以来都大肆宣传它"有什么",如漂亮的设施和梦幻般的健身器械。这些都是它的会员不可能自己花钱去买的。但2008年开始的金融危机几乎毁了它的生意:客户认为健身中心的会员头衔终究是件奢侈品,于是纷纷退会。然而,这家公司的新任合伙人最终还是力挽狂澜,带领健身中心渡过难关。

这家连锁机构的新任CEO佩里·伦斯福德认识到留下来的会员都是有长期锻炼计划的,他们并不把健身看成可有可无的消费。基于这一洞察,作为"西蒙·斯涅克黄金圆圈"[1]狂热爱好者的佩里决定颠覆他们的传统战略。他决定不再聚焦于Fit For Life"有什么",而是宣传"为什么"要选择Fit For Life——好身体和健康。佩里和他的团队把"为什么"定义为"改变人们的生活"。

通过宣扬好身体如何改变每个人的生活,而不是冰冷的器材,公司彻底改头换面,并取得了良好的效果。但是Fit For Life依然面临着严峻的挑战。它虽然成功地重新设计了自己的战略,但是仍然需要员工投入新的"为什么"中:每个员工都要调整好"我"来匹配整个"我们"集体。

Fit For Life应用"西蒙·斯涅克黄金圆圈"

我们相信所有的生命都能变得更好并找到和达成生活的目标

我们通过有目的的健身计划使我们的生活变得更好

我们让客户在优美、友好的健身环境下享受买得起的、有效的健身项目

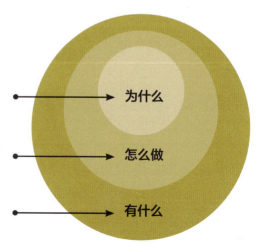

"个性"匹配"活动",共同聚焦于"为什么"

其中一个最大的问题就是个人教练实际上充当了公司的销售人员。而据Fit For Life的CFO鲍勃·法里斯所说,个人教练往往是低效的销售人员。鲍勃使用个人商业模式分析了公司里的不同角色,洞察到为什么典型的教练不适合做销售。

"典型的教练都是很好的人,关心并真诚地帮助他人,所以不太习惯向客户要钱,"鲍勃说,"他们通常不太擅长拿下订单,因此很多教练赚不到足够多的钱,很难生存下来。"

雇用理念一致的人

管理层认识到不能再仅仅依靠教练推销健身计划,需要雇用新人拉客户入会和推销私人训练服务。同时,公司必须保证所有的员工都理解新的"为什么",并且积极投入"改变人们的生活"中去。因此,佩里和他的团队精心制作了新的招工广告。这则广告把公司的"为什么"延伸到了个人层面。以下是这则广告的全文:

我们致力于很多了不起的事情。其中之一就是提供领先于整个健身行业的私人训练项目。看到很多优秀的健身教练因为健身中心不能使他们养家糊口而回到学校,或者成为消防队员和护士,我们决定不再坐视不管。成立于1991年,Fit For Life已经开发出一套能改变人们生活的销售流程。我们能改变我们旗下所有加盟商的生活,我们能改变我们会员的生活,最重要的是,我们能改变我们教练的生活!我们能给他们真正赚钱的机会,并且同时让他们从事一项他们真正热爱的工作!

新广告发出后受聘的第一位员工在开始工作后仅仅四周内就将销售转换率提升了一倍。"我们的目标不是雇用需要工作的人，"鲍勃说，"正如西蒙·斯涅克所说，目标是雇用理念一致的人。"如今，Fit For Life所有的员工都理解了"为什么"。以下是一个健身教练的个人商业模式。

延伸"为什么"的能量

新的"为什么"的影响对象已经不再仅仅限于销售团队。公司的CEO佩里现在要求所有的管理者都通过参与个人锻炼计划亲身体验"为什么"。"每个人都必须亲身体验'为什么',"鲍勃说,"当我需要和我们的一位大股东肯·斯通(Ken Stone,他也是得克萨斯州最受欢迎的教练之一)讨论运营方面的问题时,我们会先来上一段武术训练。这会让我们的肾上腺素爆棚。"

Fit For Life的管理团队想尽办法让个人和组织的"为什么"能够一致。商业模式建模给了他们很大的帮助。"做体育相关工作和实操工作的人往往对概念性的工具不感兴趣。"鲍勃说。

但是这些员工对于网上的可视图表非常感兴趣,所以鲍勃创建了团队工作表,用图形化的工具展示各区域的会员人数和新签合同数。这些工作表每天都会被更新,并且被发送到团队成员的智能手机上。

如今,Fit For Life的各个区域团队都很享受这种团队之间的竞争。一项额外的福利在于:管理层的客户端可以识别出销售业绩是团队合作的结果,还是个人魅力的产物。

"我们从'为什么'开始,然后通过商业模式建模的策略,利用可视化的第三方工具提升我们的具体战术,"鲍勃说,"不管你打算怎么干,首先得将'我'和'我们'相匹配。"

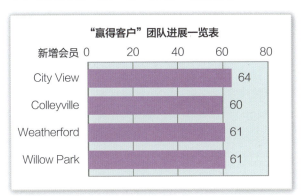

建立联结：就像纸上的Facebook

Fit For Life深信：个人行动与组织目标的一致需要领导者与团队成员建立真正的个人联结。这种联结对于识别和肯定每个人的价值尤为关键，同时还可以保证任何员工都不是隐形人。正如帕特里克·兰西奥尼所说，任何人都需要被有权威的人理解和欣赏他独特的品质。[2]高效的领导者能意识到他们必须对前来寻求指导的人表现出真正的个人兴趣。表现出这种兴趣的最理想的方法就是在工作中运用个人商业模式建模。下面这项辅助练习能帮助人与人之间建立个人联结，不管他们是同一团队的成员还是初次见面。

如何使用

这项练习被一家拥有5万多名员工的大型工程和建筑公司的一个团队使用过。这个团队负责计算管理有害废弃物的风险等高度技术性的工作。他们中的大多数都是拥有数学或工程硕士或博士学位的男性，平均年龄为57岁。

这个团队面临以下两项挑战：第一，即将到期的设备管理合同迫使这家公司更加急于寻找和签下新的订单；第二，年轻的工程师和年长的同事很少互动，所以年轻的工程师无法从老一辈的经验中受益。同时，年长的工程师也融入不了年轻人的创新活动。

目的

促使新老工程师的融合，建立信任和默契。

方法

通过"纸上的Facebook"[3]画布图形化展示所有的参与者和他们的共同兴趣。通过发现他们互相不了解的个人情况来帮助他们建立联结。

参与者人数

本次活动参与者达28人。只要墙面足够宽，这项练习可以让更多的人参与。

所需时间

最初可以在20分钟内完成。后期，任何人都可以在任何时候回到画布添加更多的联结。

材料、工具和其他要求

1. 一面大的、连续的空白墙。
2. 1米×5米的白纸。裁剪大幅卷纸或者拼接纸张来制作画布。
3. 7.5毫米×12.5毫米或者更大的卡片或便利贴,作为每个人的"画像",每人一张。
4. 多种颜色的水笔或者马克笔。
5. 双面胶或者其他可以把"画像"黏到画布上的东西。

说明

1. 整体介绍

"今天我们将会描绘出这个房间中当前的社交网络图。我们将用这面墙创建一个全新的Facebook!"

2. 用卡片或者便利贴创建"画像"

"首先,我们需要这个网络中最基本的元素——你是谁。在卡片上写下你的名字,用简短的词描述你的兴趣或经历——你是什么样的人。如果你愿意,还可以画一个图像代表你自己!"分享你自己描绘的"画像",可以画得很业余,欢迎欢声笑语,不用太在意自己的绘画水平,或者带上一次成像相机给每个人拍照,把照片贴在"画像"上。

3. 把画像"上载"到画布上

让每个人走到墙边,把自己的画像"上载"到墙上他喜欢的任何位置。首先通过"上载"自己的画像给大家做一遍演示,保证手头有充足的双面胶,尤其是团队规模很大的时候。

4. 绘制联结

最后,请参与者在他们的画像和他们所认识的人的画像之间连线,并请他们在线段上标注关系类型,比如"共同在软件开发部门工作"或者"都住在西雅图"。然后让每个人都沿着画布走一遍,观察他们不认识的人的画像,鼓励他们发现这些人与自己的共同点,并且"连线"和打上标签,比如"着迷于钓鱼""爱狗人士"等。

结果

这项练习让组织成员之间新发现的联系跃然于纸上。练习本身很有趣,还建立了一个社交圈子。可以把这个画布一直保留在墙上,供任何人在任何时候添加新的信息,同时可以考虑安排一个人作为组织的"画布管理员"。在这个案例中,一个部门的人力资源总监也参与了,而且为新老工程师之间的互动兴奋不已,因为他们发现了不少共同的兴趣和爱好。

总结

问是否有人与素不相识的人建立了联系?请他给大家讲讲。在这里描绘的情境中,引导员可以这样说:在我们团队的努力下,我们轻易地通过这张画布发现了共同的兴趣和潜在关系。同样,我们也可以发现和分享新老工程师各自的经验与市场知识。"纸上Facebook"更多是一项建立关系和信任的练习,而不是为了传授什么知识点,但是总结依然很重要。只有总结,才能让这项练习从你的变成所有参与者的。

在企业中,使"我"和"我们"一致的一种成熟的方法

丹尼斯·达姆斯

有一家公司,在员工被雇用前就成功地与这些潜在员工建立联结,然后利用这些联结为公司吸引最优秀的人。

EIFFEL是荷兰一家拥有500名员工的咨询公司,为保险、医疗、能源行业和政府部门的营利与非营利机构提供咨询服务。EIFFEL的客户都有一个共同的特点:在快速变化的市场中面临艰难的战略抉择,而且长期面对公众的严密审查。

EIFFEL在很多方面都与众不同。首先,它拥有很强的体育传统,秉承"意会而不言传"的卓越文化,常常雇用奥运奖牌得主真正作为咨询师,而不是仅仅作为发言人。其次,它重点服务于荷兰客户,致力于成为当地最佳(而非最大)的法律、金融、IT和人力资源咨询服务提供商。最后,它从个人、团队和企业层面分别完整地融入了商业模式思考。EIFFL对于商业建模、设计原理和视觉化思考的投入,从它总部大厅装裱的巨幅商业模式画布就可窥见一斑。

当EIFFEL在2011财年发表亏损报告的时候,管理层就决定,员工必须更加重视为公司产生价值。"我们需要我们的团队理解我们与客户的共同目标,员工要能把自己放到EIFFEL的蓝图中,并且理解他们将会影响企业商业模式中的哪些模块,"EIFFEL的资深市场战略顾问丹尼斯·达姆斯说,"金融危机和欧元区的危机让我们意识到这是必须要做的事情。"

2012年,EIFFEL开始培训所有500名员工,从前台到顶级的咨询师,采用的是个人商业模式®的方法。员工每18人一组来到总部进行全天的培训。这项工作耗时三个月才最终完成。

这次培训加深了员工对于EIFFEL企业商业模式的理解,帮助他们重新定义了个人在组织中的商业模式:他们如何为EIFFEL和它的客户创造价值。

"我们相信我们必须让人们充分自由地发挥自己的优势,"丹尼斯说,"这个灵感来自竞技体育中最常见的方法。你必须进入你最擅长的领域。在一系列培训中,我们发现了很多优势以及商业机会。"

招聘和岗前准备

那一年，EIFFEL开始给申请者培训的机会（无论他们是否被录用），让他们学会创建个人商业模式，以此吸引很多求职者。大学毕业生被邀请到EIFFEL总部，在个人商业模式®方法论的指导下接受培训，然后被邀请创建他们各自的个人商业模式。那些脱颖而出并且能明确匹配EIFFEL企业商业模式的毕业生会被邀请加入公司。"我们开办这些研讨会是为了吸引新员工，奥运金牌得主拉诺米·克罗莫维德尤尤（Ranomi Kromowidjojo）和彼得·范登·霍根班德（Pieter van den Hoogenband）也常常会参与进来。"丹尼斯说。

如何以EIFFEL的方式招聘

丹尼斯说，首先要识别出需要寻求帮助的领域（项目管理、财务、IT等）和期望的资历水平（初级、中级、高级）。然后，通过EventBrite或者Amiando这类活动策划服务平台组织一场招聘活动。此时可以考虑预约一个行业内友善并且投缘的意见领袖来活动现场发言。找一个墙面足够大的会议场所，布置好商业画布。然后，通过LinkedIn这些招聘平台寻找潜在的候选人，不断邀请他们。以下是EIFFEL通常使用的活动时间表：

主题	所需时间（分钟）	内容
企业商业模式介绍	30	发言人总体介绍企业的商业画布，用它阐述整个组织的商业模式。邀请参与者提问和点评。
业界前沿的故事	30	意见领袖分享最近本行业或职业相关领域中的新鲜故事。邀请参与者提问和点评。
个人商业模式介绍	20	培训师总体解释个人商业模式画布，邀请提问和点评。
创建个人的商业模式	45~90	培训师请参与者根据他们将来在组织中能扮演的角色绘制个人商业模式。培训师和其他参与者可以轮流问问题。完成自己的商业模式后，参与者可以与招聘经理进入一对一的"速配"环节。
速配	45~90	方式一：每位参与者有5分钟的时间向招聘经理单独阐述他的商业模式。然后招聘经理根据对方的表达进行简短的面试。方式二：招聘经理向对方展示一个空缺职位的个人商业模式画布，阐述组织对该职位的期望，让对方比较该商业模式与他们自己的商业模式有什么不同，并且讨论这些不同点。

表现出色并且个人商业模式与组织的商业模式能够产生共鸣的参与者会被邀请参加第二轮面试。

将个人商业模式应用到职业发展中

EIFFEL还把个人商业模式应用到职业发展中。员工先绘制出他们"当前"的个人商业模式（A点）。然后，他们绘制出他们期望的"目标"个人商业模式（B点）。这就描绘出了一个清晰的职业发展目标：从A点走到B点。但是EIFFEL很快又发现很多员工苦于找不到从A点到B点的具体路径。丹尼斯决定研究一下其他很多组织都采用的职业发展计划（professional development plans，PDP）。

"大部分职业发展计划都很像商业计划：有很多文字，没有图形，缺乏人情味，不简洁，非动态，"他说，"我们都很了解书面计划：没人看，没人会记得里面写了什么！"丹尼斯同时认为职业发展计划的逻辑并不完整。因此，他基于个人商业模式画布创造了一张个人战略画布，让员工找到从A点走到B点的具体路径。

个人战略画布

个人战略画布用六个模块来呈现演进到新的个人商业模式所需的所有行动。使用者通过填写每个模块来识别出他们走向未来的"目标"个人商业模式所需的各项行动。下面我们用凯伦的例子阐述如何使用这个画布，凯伦是EIFFEL的客户经理，她希望转型成为一名咨询师。

知识

描述转型到下一种个人商业模式所需的新知识。评估"目标"商业模式的知识需求。你需要获得官方的认证（学位或证书）吗？你需要理解的概念可以从课程、书本、TED演讲或者网络研讨会中学到吗？比如，如果你想要成为销售人员，那么你需要了解销售心理学方面的知识、你销售的产品或服务的信息、你所在的市场情况，以及你将面临的竞争。凯伦已经意识到她要学习咨询的基础知识，因此她列了一份书单并且注册了"服务设计思维"（Service Design Thinking）的课程。

技术和能力

你的"目标"模式需要哪些技术和能力？对此列出一份清单。请记住：技术是能够被学习或者获取的才能，而能力是天生的才能，不需要太多的努力就可以获得。新的能力往往比新的技术更难获得，所以要考虑清楚你的"目标"模式所需的能力是不是你触手可及的。获取或提升技术最快的方法是在职训练，不断挑战和延伸你的"认知边界"。

"但是要用聪明的方法，"丹尼斯说，"如果你是一个有进取心的销售人员，那么关键是设身处地地

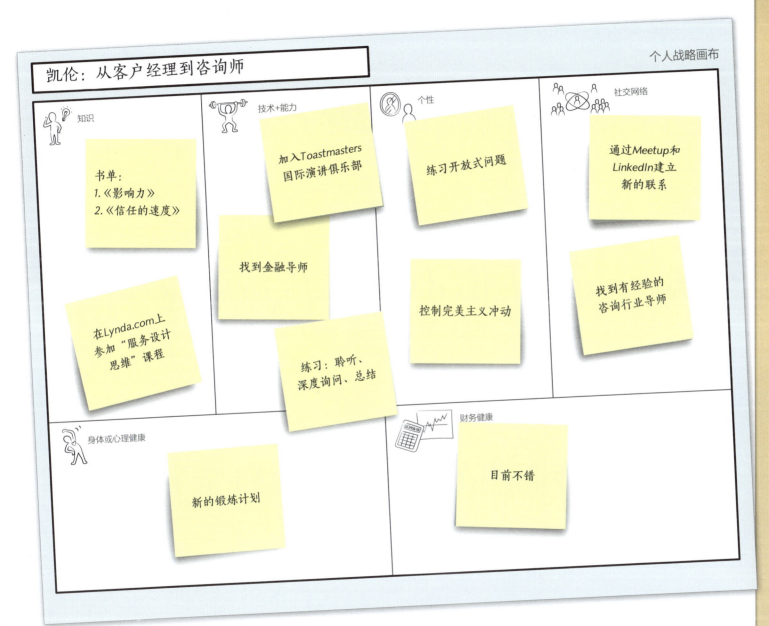

进入真正的销售情境中。如果你的工作环境不允许你这么做,那么就在你的私人场所试。可以试试帮学校的筹款机构卖彩票,或者为你所在的网球俱乐部卖票。总之,把自己放到能够增加经验的位置上去。"

既然渴望成为一名咨询师,凯伦看到她需要更好的正式演讲技巧,所以她加入了Toastmasters国际演讲俱乐部。她还在EIFFEL内部找到了一个导师,帮助她通过在Excel中创建客户活动预测报表来提升金融技巧。

个性

"每个人都有能够帮助自己达成目标的个性,也有阻碍自己成功的个性!"丹尼斯说,"我们都不是完人。"这个模块是关于如何隐藏或放大你的个性的某些方面来加速你的进步,通往"目标"个人商业模式的。

"大多数对自己诚实的成年人都能理解自己的优势和劣势,"丹尼斯说,"关键是识别出哪些个性可以帮助你达成目标,并且让这些优势成为你进步的加速器。比如,如果你是一个很有条理的人,那就把你学过的、经历的东西详细地整理出来。"对于那些限制你发展的个性,丹尼斯说,"如果你有严重的拖延症,尝试通过一些手段'隐藏'这种倾向,比如找个人监督或提醒你,按时完成任务就给自己一些小小的奖励。"例如,凯伦就发现她的完美主义倾向就很好地帮助她创建了详细的个人战略画布和个人发展计划。同时,她努力避免习惯性地问封闭式的问题,而是有意识地每天在交谈中练习开放式问题。

心理或身体健康

很多心理或身体健康问题都会拖一个人的后腿,比如过度肥胖、太大的压力或者人际关系紧张。在这个模块中写下你的任何心理或身体健康问题,并且列举出解决这些问题的行动。凯伦知道她自己需要健身。作为一名客户经理,她在大部分工作时间里都是坐着的。但是作为一名未来的咨询师,她知道她将要花更多的时间和客户在一起,也将需要更多的精力和体力,所以她每天早上都会坚持参加一个中等强度的晨练团。

财务健康

对金钱的担忧往往阻碍效率。如果你的收入太低或者债务缠身,你必须采取行动了!有些雇主会提供保密的员工金融辅助服务。你还可以尝试外部的咨询机构,或者和老板谈谈薪酬。财务健康是你走向"目标"模式的关键基石,而且当你在努力改善上面模块的同时,它会提升得更快。

社交网络

这是所有模块中最重要的一个,而且你在任何一个职业发展计划中都很难看到它。我们用它来描绘联系新伙伴或新群体的手段。"我们生活在一个全连接的、高速运转的、高度发展的世界里,"丹尼斯说,"而且当你走上一个新的岗位,你的社交网络也会随之改变。它必将改变,而且也会改变你。"比如，如果你想成为一个律师，你就要开始了解律师同行。要加快进入你的下一代个人商业模式，你就要进入这样的网络：

- 以最快的方式给你知识。
- 以最有效的方式帮助你发展技术和能力。
- 合理地放大或隐藏你个性中的某些方面。
- 把你放在你的"目标"模式的环境中（大多数新工作都是通过扩展人际网络获得的，而不是通过正式的申请流程获得的）。

你的新社交网络可以既是私人的又是职业的，而且认识新伙伴往往会帮助你克服来自底部模块——心理、身体和财务健康的挑战。这样一个能够连接"目标"个人商业模式的桥梁，能够给你帮助的社交网络能从哪里找到呢？这就需要你的反复思考和发现。凯伦加入了许多Meetup和LinkedIn小组，遇到了一个即将退休的咨询师，帮她拓展了职业圈子并成为她有力的导师。

"我们园区中的每个工作不满一年的员工都必须绘制这张个人战略画布，并且有很多机会和教练一起检查回顾，甚至作为教练审视其他员工的个人战略画布，"丹尼斯说，"发展不仅仅意味着正式的晋升，更关乎职业水平的提升。组织正变得越来越扁平，这意味着成长更多地发生在职业水平维度上，而非职位。"

结果：员工忠诚度和客户体验的提升

据丹尼斯所说，自从EIFFEL开始融合个人、团队和企业的商业模式，这家公司的净推荐值（Net Promoter

Score，一项客户满意度指标）提升了20%。同时，员工离职率降低了6%。

这家公司早已扭亏为盈。丹尼斯相信，这些改善源于员工变得更加有使命感，更加积极地投入工作。"他们理解了精髓，"他说，"他们非常清醒他们正在推动自己的职业生涯。"

不足？

"商业模式思维并不适合所有人，"丹尼斯说，"我总是跟我的候选人说，这就像买衣服。适合就穿，不适合就扔在一边找适合的，但是这个模型是我们使用的一种商业语言。所以，如果你想要和我们的团队一起玩，就必须学会它。"

EIFFEL在人力资源上采取了一种与众不同的策略：让每个员工自己定义他们将如何为团队做贡献，同时让他们发展自己的职业路径。而今，世界上最大的专业服务公司普华永道也正在试验同样的策略。下一个案例会深入普华永道内部，看看他们如何改革传统世界中的人力资源管理。

改革人力资源管理

里卡尔·多内利

"让员工自己定义他们想做的贡献是一种很有挑战的方式,但是它确实能激发巨大的正能量,构筑强大的竞争优势,"供职于普华永道人事与组织服务团队的46岁的高级人力资源专家里卡尔·多内利说,"这就是为什么我深信商业建模可以打造全新的团队管理方式,最终提升员工为企业继续服务的意愿,而不是简单地靠涨薪或其他'硬'福利来实现。"

里卡尔承担着改革传统人力资源管理的使命,而且他相信第一步应该是在内部先试试这些新方法。

由于着迷于把商业模式应用到人力资源工作的这项创意,里卡尔决定先在他自己团队的25名人力资源顾问身上测试这个流程。他有以下两个目标:①评估这套方法应用到普华永道客户身上的前景;②提升他自己团队的满意度和绩效,尤其是员工投入度与保留率。

"咨询行业在吸引和保留人才方面的竞争极为激烈,"里卡尔解释道,"每天德勤、安永、毕马威、普华永道和埃森哲都在尝试着从对方手上抢走优秀的员工。这是一个很艰难的市场,而且薪酬只是其中的一个因素。我相信我们必须理解员工个人的观点,并且让他们知道,在普华永道,一个人能够享受到个人的空间,以发展自己认为重要的东西。"

"说到人和职业,每天我们都在经历着'数字革命'的影响。这个革命从人开始,从组织的最底层开始。我们传统的方式是自上而下的,先定义人力资源战略,后部署管理变革计划,而当前的这项革命则完全不同。人们能够接触他们职业发展所需的所有信息,而且他们享受着各种低成本的工具,搜索和解释这些信息,同时与其他人建立联系。"

"这会让不同年龄和类型的人接触更多的机会,更好地规划自己的职业生涯和私人生活。"

"渐渐地,这意味着个人应该根据自己的职业目标和个人发展目标设计自己的职业,不管组织是否已经为他们设计过。作为个体,我会选择那些能提供机会满足我个人目标的组织。"

"这意味着公司,特别是咨询公司,应该重新设计它们的职业管理方法,从自上而下的结构化职业生涯设计转向灵活提供多种机会。"

"这一观点暗示着个人和组织之间不一样的关系。我们可以称之为'颠倒的'关系,因为组织必须接受并积极地回应个人的目标,即使这些目标可能会最终导致他们离开组织,而且要为实现那些能够匹配组织战略的目标提供更多的机会。"

里卡尔用了一天半的时间给他的顾问团队介绍个人和团队商业模式。他把这次培训分为以下四块。

1. 绘制个人商业模式("我")

对于商业建模的介绍完成后,顾问绘制出了他们自己的"当前"和"目标"个人商业模式。里卡尔则在一旁鼓励他们尽可能自由地绘制,并且包含各种个人目标。然后,他把他们分成三组,互相指导"当前"的痛点和"目标"构成。每个参与者轮流扮演教练、学员和观察者。

2. 从个人视角转向团队视角(从"我"到"我们")

里卡尔介绍了公司人事与组织团队的商业模式,以及联合画布。之后,他要求参与者把他们的个人商业画布并排贴在团队画布上,每个模块用以展示他们如何为团队的商业模式做贡献。最后,他要求他们评估个人商业模式与团队商业模式的一致程度。他们做事的意愿以及他们改进的意愿是否与组织对他们的要求相匹配?如果不相匹配,他们可以如何改变?组织又可以做出哪些改变?

3. 概括个人战略

里卡尔介绍了个人战略画布(见第167页),然后让参与者填写各自的画布,包括普华永道可以采取的用来帮助他们达成目标的各种行动。

4. 提出具体的改进建议

这些参与者提出了四项改进计划,大致分为两个方向:①改善办公室生活;②增强团队竞争力、盈利能力,并提高人事效率。接下来,他们分成四组,分别对这四项计划充实内容,并将所含具体行动按优先级排序,然后再一起投票选出最具价值的计划,并且一起开始执行。

直接结果

这次商业模式培训是在周四和周五两天进行的。到了第二周的周一,里卡尔和他的团队已经开始执行其中的一项计划。"周一的会议有了明显的改观,"里卡尔说。团队成员的心情变得开朗,因为他们开始主动寻求改变:每周分配工作和规划。

"工作分配和规划对咨询公司来说是一项关键的业务流程,"里卡尔解释道,"你会同时进行很多项目,而且你必须根据员工的技能和时间安排、项目当时的优先级、项目地点和后勤安排等因素不断地安排人到不同的项目中。这是一个复杂、烦琐的过程,常常每个顾问都会对此感到手忙脚乱,因为它不是简单的算术题,精确的预先规划几乎是不可能的。"

"过去这些工作分配和规划往往对每个人而言都是痛苦的,不管是初级顾问还是资深顾问。他们感觉自己像包裹一样被从一个项目中扔到另一个项目中,几乎没有机会理解为什么要这样分配。当然,任何分配都是有理由的,只是他们不太容易理解罢了。所以,我们过去每周一常规的工作分配流程总是进行得不太好。"

工作分配和规划还提出了另一个难题:是应该自上而下安排还是自下而上进行?

"自上而下比较简单,因为我可以直接决定和下达指令,"里卡尔说,"但我不可能随时掌握每个项目的所有信息或者知道影响它们的关键因素,而且每周都要给它们排期,所以自下而上的方式比较好。但自下而上会导致与每个项目经理无休止的讨论。这是一个很实际的、与业务强相关的问题,在个人商业建模环节就明显地显露了出来,所以我们团队决定安排一个协调专员,识别出所需的工具、需要共享的信息和关键的优先级顺序。"

个人商业建模环节把这个核心问题指向一个焦点:被高度占用的个人和家庭时间。"每个人,从最初级的顾问到最资深的顾问,都指出了这个问题,"里卡尔说,"每个人都说,'我想要更多属于自己的时间。'此外,当我们在个人建模环节中讨论这个问题的时候,每个人都认同,能否为自己创造出更多的个人时间很大程度上取决于能否更高效地分配工作和规划。我们目前的工作分配流程耗费了每个人的宝贵时间。我们开始意识到工作分配的问题并非源于领导的独断专行,事实上,每个人都面临同样的处境。"

里卡尔体会到了个人商业建模对提升团队绩效的推动力。"四个改进计划全部从个人商业模式视角开始,"他说。

"'我'和'我们'建模环节的价值在于在个人、团队和组织之间建立不同的关系。它给我们强化了这样的信息:每个人都能够也必须用企业家思维设定自己的目标和完成这些目标的战略,而且,这个组织,乃至这个团队,可能是个人达成这些目标的最佳场所。"

那么,世界上最大的专业服务公司的顾问是怎么看待这种方法的呢?

"我们团队中的每个成员都是人力资源专家,他们的工作就是为人力资源主管解决这些问题,所以他们知道他们在谈论什么,"里卡尔说,"基本上,所有25名参与者都说这是一项很好的服务,我们也可以给我们的客户提供这样的服务。对我们来说,这是一次组织性的'茅塞顿开'。"

里卡尔的总结

- 成熟的成年人能够指出哪里不对,而且能集体决定用什么措施解决问题。那就让他们自己解决。
- 最初一天半的时间是不够的。"我应该安排至少两天,也许三天。"里卡尔说。

周一早晨值得尝试的工作

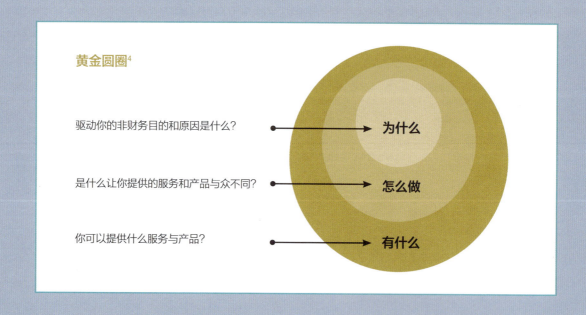

黄金圆圈[4]

驱动你的非财务目的和原因是什么？ ➝ 为什么

是什么让你提供的服务和产品与众不同？ ➝ 怎么做

你可以提供什么服务与产品？ ➝ 有什么

定义"为什么"[5]

这是一个真实的挑战:用下表为你的企业、团队和你自己定义"有什么""怎么做"和"为什么"。对于你的团队和企业"有什么"这个问题,应该比较容易回答,就是所能提供的服务或产品。对于"怎么做"这个问题的回答也应该比较直接,即你的商业模式展示了产品和服务是如何被交付的。但是"为什么"这个问题就比较难回答了。提示你一下:描述你的企业的价值主张,它与你的组织存在的原因有何种关系?

	企业	团队	个人
有什么			
怎么做			
为什么			

下一步

在本章中，你看到了三个不同的组织如何使个人商业模式（"我"）与团队商业模式（"我们"）相匹配，使得团队得以成长，个人更有使命感。记得在每周一练习使用"黄金圆圈"，看看自己有什么收获。

下一步：在第7章中，我们将学习斯巴达特种制造公司（Spartan Specialty Fabrications）这家传统行业的中等规模领导者如何协调它的各个团队，与那些曾经困扰个人、团队或者企业商业模式的日常活动做斗争。这些困难也许你听起来很熟悉，你很可能至少经历过其中一种！

你会了解莉安娜，并发现她的团队、她同事的团队以及斯巴达公司如何努力地使"我们"和"我们"同步，而且他们共同构建了一家更好的企业。

第7章

"我们"与"我们"同步

下面这个案例将展示之前章节介绍的工具如何解决了工作中的棘手问题。[1]请注意商业模式的使用并不是为了重塑战略,而是为了阐明团队需要做什么和为什么这么做,并且保证是工作内容本身,而不是个性或政治因素,在指导人们的行为。

导师

"这是我的新名片,莉安娜,随时愿意效劳。很高兴我能暂时作为一名内部顾问。如果我退休了,还真不知道会干什么。"这位长者一边笑着一边喝着他的意式特浓咖啡。

莉安娜接过名片,上面写道:

"好,再次感谢你,鲍里斯。我更希望你仍然是我的老板。周一见!"

莉安娜把名片塞进包里,还了杯子,付了账,走向她的车。当她开出咖啡馆的停车场后,她猛地右转,而不是左转。**就凭我给公司带来的收入,斯巴达是能够让我每天早回家1个小时的**,她想。在接下来回家的20分钟车程里,她思考着鲍里斯的建议以及她与她的雇主斯巴达特种制造公司的未来。

斯巴达特种制造公司是一家有百年历史的"古董"公司,像鲍里斯这样的老前辈喜欢这么形容它。这家公司制造大量的定制化钢铁结构件:轮船舱壁、桥跨、核电站用的20米长容器管,1米厚的导弹发射仓门,以及其他需要独特精度、质量和尺寸的零部件。莉安娜也是一位当世奇才,一位能早上跟电焊工在工地讨论,下午在核工业审查专家面前演讲的女性工程师。

在她职业生涯的早期,作为港务局的机械工程师,莉安娜就对大型桥梁和防水堤的结构件而着迷。多年以后,她加入了她监管的作为港务局供应商之一的斯巴达公司。她先是在斯巴达的造船部门工作,后来去了商业制造部,再后来到了一个专门制造受控核电站零件的新团队。鲍里斯·拉查姆就是在这个时候成了她的上司。鲍里斯变成了莉安娜的导师,并且在斯巴达这样一个男性统治的文化中尽力宣传她的进步,一直到健康问题迫使他考虑退休。幸运的是,斯巴达的CEO成功劝说鲍里斯留下来做一年的内部巡回顾问。

这时候,莉安娜接管核零件部门,至此麻烦才刚刚开始。

> **斯巴达特种制造公司**
> 鲍里斯·拉查姆
> 内部顾问

组织重构

鲍里斯启动斯巴达的核工业业务的时候，这是一个专门的"产品团队"，直接向CEO汇报。鲍里斯聘用了莉安娜后，由于莉安娜在行业政策法规方面的专长，销售猛增，所以在鲍里斯因为身体原因休假的6个月里，他要求由莉安娜领导这个核业务团队——这样，莉安娜成为斯巴达的第一位女主管。

斯巴达的其他高管认为莉安娜的领导力仅仅限于项目管理，事实也确实如此。这些高管就包括总经理达米安·格林（Damian Glynn），他还是商业零件部的领导。商业零件部主要服务基础建设建筑商，产品小到桥梁零件，大到石油钻井。

最后，莉安娜还是被提升为核工业业务团队的经理。但是考虑那些认为她需要更多的领导经验的高管的意见，她的核工业业务团队变成了达米安的商业零件部的一个子团队。

其背后的逻辑包括两个方面：①达米安可以提供丰富的制造行业领导力经验；②核工业业务团队与国防业务团队很相似——这个业务团队也面向高度集中的客户群，同时向商业零件部汇报。这样的组织重构在纸面上讲得通，但是在实际操作中，可以说是一团糟。

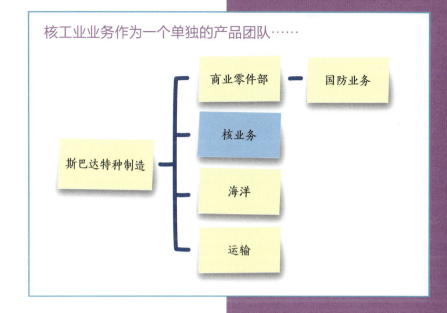

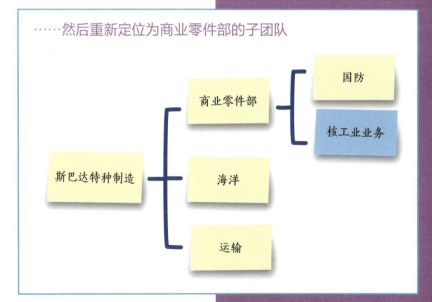

重金属遇到新浪潮

莉安娜对于之前的主管糟糕的绩效回顾依然历历在目,或者说他们根本懒得去做这样的回顾。鲍里斯是其中唯一的例外。

如今作为一名主管,莉安娜决心做得更好。她连续几周都在加班(甚至包括一个或两个周六),就是为了保证能和所有的直接下属在2月的最后期限之前完成一对一的会谈和充分的绩效评估。在最近的一次管理层会议中,她冷静但是自豪地宣布她完成了这项重要的工作。而仅仅在她发言之前,达米安作为会议主席汇报他一个绩效回顾也没有完成。

达米安面对莉安娜的成就以极其常见的、轻蔑的幽默方式回应。"哦,我猜有些人没多少真正的工作要做!"他说,惹得其他的与会者忍俊不禁。莉安娜不假思索地拍了桌子并咬牙切齿,但她还是控制住了自己,没有做出刻薄的回应。

"达米安真是个令我讨厌的牛仔,"她后来向鲍里斯抱怨,"如果他再把他的蛇皮靴子踩到桌子上,我就……"

鲍里斯打断了她,"冷静,我的搭档!坦率的交谈对于自己的下属是管用的,但你为什么不能用同样的方式'向上管理',并且与达米安单独沟通呢?"

"我试过了,"莉安娜回答,"他要么说我不理解商业零件部是怎么运作的,要么说斯巴达的业务超过我的'独特的核工业小世界'。我提醒他我们的团队比斯巴达的其他任何业务部门都创造了更多的利润,但这句话终结了那次谈话。"

鲍里斯沉思了一会儿。然后他说:"莉安娜,我想是时候调整你的风格了。"

给莉安娜的三个问题

"你已经在工作中取得了扎实的成就，"鲍里斯开始说，"但是这些成就大部分都是与向下管理相关的，即领导直接向你汇报的人。"之后，这位长者向莉安娜解释了这三个问题并问她相应的处境：

1. 是时候被提拔了？不。根据她在上一个职位核工业团队经理的位置上的表现是值得被提拔的，而且她的前任主管及现任顾问相信她能干好。但是她与新主管达米安的关系的崩溃意味着她必须先解答第三个问题。

2. 是时候离职了？不。莉安娜确实考虑过辞职，但离开斯巴达并不是一个正确的选择。她依然全身心地投入在她的团队和重要的工作中。

3. 是时候调整风格了？是。莉安娜有新的领导岗位所需要的技术、知识和能力，但她的做事风格是短板。"现在是你**调整风格**，构建**向上管理**的能力的时候了，"鲍里斯说，"你的领导力短板跟输出结果没有太大关系，但跟将你的团队和其他团队以及整个公司保持同步有更大关系。"

鲍里斯解释了职业生涯的五个阶段，告诉莉安娜她和大多数领导者一样，从验证自己所学的知识开始，然后发展出了专长并基于在制造流程、生产规划和法规事务上的优势建立了好的口碑。但是，她目前在阶段3：她跃升至她所在领域的领导者。然而她的职业身份依然仅仅限于工程师的范畴。

鲍里斯建议莉安娜扩展她的职业身份，提高领导力。他建议的一项练习让她"茅塞顿开"。通过被迫思考她职位以外的东西，她和鲍里斯认识到她的优势是拥有良好的系统思维：能在复杂环境下观察和发现事物间彼此的联系，然后提出条理清晰、让大家通力合作的主意。

"如果你把这项能力与商业建模结合在一起，"鲍里斯说，"你会看到斯巴达的全局，并且能为之做出贡献。"

"我准备好学习了，"莉安娜说，"明天我们可以开始下一阶段的辅导吗？"

问题1 现在是时候**提升了吗？**

问题2 现在是时候**退出了吗？**

问题3 现在是时候**调整风格了吗？**

商业模式基本要素

第二天，鲍里斯展示了企业、团队和个人商业模式的基本要素，然后帮助莉安娜绘制了核工业团队的商业模式。当她看到商业模式的九个模块是如何相互关联的之后，她有了新的见解。"这让我们直观地看到我们如何在一项更大的业务里运营一项小的业务，"她说，"我要让我的团队画出我们的模式。"

两天后，莉安娜和四个下属在会议室里绘制了一张巨大的画布，画出了核工业团队的"当前"模式和"目标"模式。"这真是个好东西！"一个项目总监有感而发。他和同事用了将近三个小时描绘和讨论他们团队的商业模式。"我在这里工作了八年，管理过数千万美元的项目，但是从来没有人向我解释过我们的商业模式。为什么要让我等这么久？"

"我知道你想说什么，"莉安娜感叹道，"但是只要你认真观察就会有发现，现在让我们列出我们分析我们团队商业模式后的发现吧。"她站在白板前，拿起不同颜色的马克笔，写下同事回忆的所有点。

"我将会把这些与高级管理层分享，让他们见识见识！"莉安娜在会议结束时宣布。对于这份工作，她比之前的几个月都要兴奋。下定决心要赢得达米安对核工业团队的"目标"模式的支持，她立即打电话给达米安的秘书约好了时间。

但她与达米安的会面并不理想。

模块	"当前"模式纪要	"目标"模式纪要
价值主张	价值主张：我们"按时交付，信守承诺"。这是任何供应商都能做到的，而不只是价值	我们的声誉：当我们的客户在他们的提案中把我们列为零部件供应商时，他们的可信度提升很大
客户	对内部客户的概念模糊，对于斯巴达的价值主张不明确	斯巴达是我们最重要的客户。我们对斯巴达的价值主张意味着大笔的利润
核心资源	过分依赖几位有法规专长的经理	需要更多、范围更广的政策法规及安全性培训
成本	来自高遵从性（行政管理）成本的持续压力	遵从性，而非"行政管理"，是声誉和利润的关键来源。后者需要更多的投资
关键伙伴	独立思考，英雄主义的"独行侠"心态，不愿意使用外部伙伴	独立思考，协作性的、"我们需要帮助"的态度，更多地使用外部伙伴

商业模式颠覆者

莉安娜在她与鲍里斯的下一个辅导环节中坦述她简直要崩溃了。"我改良了商业模式并且做了解释，但是他一直在看他的手机和不断地看时间，"她很失望，"也许我一股脑地抛给他太多的信息，而且没有给他足够的背景信息。"

"的确，莉安娜。你的动机是好的，而且你的商业模式也描述得很不错，但是你考虑过与达米安会面的时机吗？"

莉安娜思考了片刻。"完全搞错了，我操之过急了。在他对商业模式没有任何背景知识的情况下，我就强行跟他互动。我只是在谈论我的团队，没有讲跟他的关系。他看不到需求。对于他和他的牛仔靴，这是又一次麻烦。"

"还记得吗，你花了几个小时跟着我学习，"鲍里斯说，"达米安和其他任何人一样。他首先需要学习商业模式的基础知识，而不是看着别人使用。"鲍里斯停顿了一下，"也许考虑常见的五种商业模式颠覆者会有所帮助。"他走到白板前写下了下面五个词：

- 发展性转变（应对增长、下滑、改变、竞争或创新）
- 合并和收购
- 新的领导层
- 组织重构
- 缩小规模

"这五个词警示着一个团队或企业要重新审视它的商业模式，"他说，"你从这份清单中注意到了什么？"

莉安娜快速思考后说："我们在同时面对其中的两个！"鲍里斯会意地笑了，"组织重构和新的领导层往往会同时出现。你注意到斯巴达内部对这些事件的反应是什么吗？"

这次莉安娜立刻回答道："没有人谈论重组会改变商业模式。我们得到的仅仅是新的组织架构。"她停顿了一下，"这种古董文化并不太适合内省。没有人愿意谈论内部发生的事情，可能是害怕显得太多愁善感了。"

"正如我女儿常常讲的，太情绪化"，鲍里斯回应道。

"太女孩子气！"莉安娜大叫起来。这对导师和学员都忍不住笑个不停。然后鲍里斯首先恢复了镇定。

"那么，这意味着该如何去和达米安互动呢？"鲍里斯问。莉安娜还是迷惑不解。"这里还有一个工具可能用得着。"他说。

找到差距：创新VS.遵从

"这个工具把两张商业模式画布并排放在一起，以检查它们是否匹配，"鲍里斯说。他展开一张大幅海报纸，钉在莉安娜办公室的墙上，然后解释这张联合画布的基本要素。"现在，画出商业零件部的商业模式作为你的上层商业模式，以及核工业团队的商业模式作为下层模式。"这位导师这样指导。他坐下来看着莉安娜在画布上画出这两个商业模式。

模块	商业零件部	核工业业务部
关键业务	口号：创新！聚焦于从无到有设计和建造	口号：遵从！聚焦于草拟标书、合同、订单更改、检查以及按计划建造
客户	客户价值创新、速度和降低成本。政策监管比较松	客户价值遵从，谨慎，照章办事。政策监管比较严
收入	根据订单更改和加班费的情况谈判，变化比较大。基于总体估算	可预测的、可靠的收入流。基于细致的计算
成本	外包费用低；安全检查员的费用已经包含在薪酬里	外包费用高；质量检查员、审计师、专业工程顾问的费用不包含在薪酬中
核心资源	极少需要培训。可以根据需要抽调斯巴达其他部门的员工	在政策法规、安全事务领域需要严格的培训。斯巴达的其他部门没有这样的专家

莉安娜与鲍里斯一起花了一个半小时比较商业零件部和核工业团队的商业模式。然后莉安娜建议把两种模式的关键不同点列出来。鲍里斯迅速走到白板前拿起一支黑色马克笔。莉安娜说，鲍里斯写。

"这太神奇了，"莉安娜说，"而且这让我想到该如何让达米安参与进来。"

使用PINT工具

几个月以来，莉安娜都在催促达米安同意她再招聘两名质量工程师。她想要与她的上司预约一次长达三个小时的会面，但她等了两周只得到一个小时的时间。然而，这样的等待是值得的，莉安娜后来想。

在会面中，莉安娜给达米安讲解了商业画布的基础知识，分享了她的核工业团队的商业模式，然后展示了商业零件部和核工业业务部的联合画布。最后，她展开一份手写稿。"鲍里斯把它叫'有价值的工作探测器'，"她说，"我就叫它PINT工具。"

"好，我必须说我被震撼到了，"达米安在他们结束的时候说，"我记得几年前我在EMBA的课堂上学过商业画布，但我当时觉得它只适合创业公司。这是我第一次看到PINT工具。"他低头看着自己的鞋子过了一会儿，有点迟疑。

"听着，莉安娜，"达米安抬头继续说，"我负责商业零件部的全部事务，监督核工业和国防团队，还要综合管理公司，可能你不必向我汇报太多。但是你确实证明了商业零件部和核业务团队不是很匹配，有点像被强行整合到一起的。"

莉安娜确实想提醒达米安是他推动把核工业团队放到他的组织下的。但是随着他们谈话的进行，她很吃惊地发现自己突然说出这样的话，"那么，达米安，让我们做点什么来改变这样一个我们都不喜欢的处境吧。把这张联合画布在下一次的高管会议上展示，并且提议采取行动，如何？"

达米安迅速同意了这个提议。
"没问题。"他说。

问题或潜在问题
组织重构打乱了团队商业模式，但是在重组前后我们都缺少共同认可的团队商业模式。对于行动和资源，没有进行理想的匹配。

需求
核工业团队的招聘和薪酬需要与商业零件部区分开来。例如，核工业团队需要有认证的工程师，他们的薪水要比商业零件部的检查员的薪水要高。

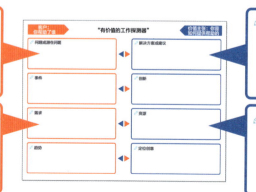

解决方案或建议
共同定义让每个人都能理解和沟通的团队商业模式，让大家达成共识，调整相应的行动和资源。

资源
不同的薪酬机制将保证核工业业务持续帮助斯巴达完成利润目标。成功有赖于招到这些薪水高的专业人才。

被认可的方法

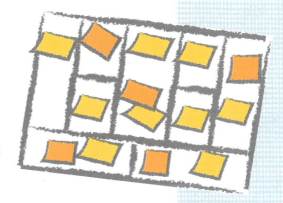

一周后,莉安娜坐在她的办公室里检查招聘新的质量工程师的广告初稿。人力资源部门提供的老套的职位描述令她皱起眉头,但是当她想到她可以用商业模式向有希望的候选人解释时,她的脸上露出了笑容。

她草拟了新的质量工程师角色的基本个人商业模式,然后想象着如何对这样一个"角色榜样"做广告宣传,进而陷入沉思。我们应该如何让申请人回应呢?呃……突然,她注意到一个人出现在她面前。

斯巴达的CEO弗朗西斯,此时正静静地站在她门口,等她抬头。

莉安娜从椅子上跳了起来,"哦!你好,弗朗西斯。"

"坐吧,"这位长者说,"我听说你确实很用心,就是想过来说声谢谢,谢谢你的努力和优秀的结果。"

莉安娜听到这里,脸上洋溢着微笑。弗朗西斯却大笑起来,"这就是我听说的让你疯狂的'建模'吧?我希望我们以后不用因此而盛装上班!"

"嗯,是的!……不……我是说,我们已经有很多人穿得够漂亮了。"莉安娜结巴起来,和CEO一起大笑了起来。

"不管怎么样,我很期待下次会议上你和达米安将要一起做的汇报,"弗朗西斯说,"记得跟萨曼莎聊一聊,告诉她你的汇报要持续多久。"他说完就走开了。

莉安娜抑制不住自己的激动。她摸索着自己的手机,但没拿住,掉在了地上,一不小心,又一脚把它踢开。好不容易,她捡起手机拨起一个快速拨叫号码。不一会儿,一个熟悉的声音从那边传来。

"鲍里斯,是我!"莉安娜说,"我们可以把周五的环节挪到明天吗?……好。我们可能这次需要比平时更长的时间……"

培训讲解者

"感谢你今天能来,鲍里斯。"莉安娜在她的办公室里面忙成一团,清理桌面的纸张,并且准备好便利贴、双面胶和彩色圆点贴纸。

"别客气,"鲍里斯说,"这是个好机会。你在会议上争取到了多长时间?"

"我争取到了三个小时!从你(和达米安)身上,我学到一样东西,就是没有足够的时间是学不到方法的精髓的。没有人会一上来就知道如何使用它。"莉安娜终于整理好了,坐下,面对着她的导师。

"听起来不错,"鲍里斯说,"你先给我讲一遍如何?记住,被你培训的人也将会给其他人解释商业建模的概念,包括CEO——这里我们把他称为首席讲解员(chief explaining officer)。"

莉安娜坐在椅子上,给她的导师全面地讲解,并不时站起来指向挂图和画布。鲍里斯不断地给出建议。他对他的学员的知识和激情很满意——这会是她在这个全是男性的高管团队的首次演讲。

"你已经准备好了,"鲍里斯说,"不过有些注意事项需要你提醒你的演讲伙伴。我想达米安的教学技巧应该不会有你这么熟练。"

- 注意"一触即发",展示商业模式如何解决那些触动人们个人神经的问题,他们就会跟你出发去新的地方。识别情感,而不仅仅是理性。"就算牛仔也是有感情的。"鲍里斯眨了下眼睛。
- 避免对一群人进行冗长的演讲。参与者应该把大部分时间用在小组互动上。
- 用第三方工具(画布、挂图、绘画、便利贴等)表示复杂的系统。第三方工具可以帮助人们避免抽象的讨论,从而聚焦在实际问题上。
- 一次练习一种技术。把很多的技术杂糅到一次练习中会让人迷惑。

"谢谢你,鲍里斯,"莉安娜说,"祝我好运吧。"

突破

一周后在公司外举行的这次高管会议上，莉安娜从解释"商业模式"的概念开始，运用哈洛伊德（Haloid，施乐公司的前身）发明干式复印件的传奇例子进行讲解。她之后展示了商业模式画布的基本结构，把与会者分成几个小组做了一项有趣、压力又不大的练习——描绘星巴克的商业模式。休息之后，达米安又引导各个小组绘制商业零件部的商业模式。

莉安娜介绍了联合商业画布并组织了问答环节。然后，正如之前所安排的，达米安带领大家"口头参观"了联合画布的商业零件业务部分，一边解释每个模块，一边贴上便利贴。与会者对达米安的汇报不断点头，毕竟他们都对这个部门很熟悉。尽管如此，他们从没有如此清晰地看过它的商业模式。但是当他们发现商业零件部与核工业业务之间的关系后，思路就不那么清晰了。

莉安娜开始先用不同的颜色标出每个模块中代表核工业业务的那部分元素，然后说明她的团队是如何运作的。但她讲到一半，管理者开始皱眉，并交换疑惑的眼神，好像在说："这样的安排不合理。为什么这些事情看起来这么不相干？"

问题涌现后，莉安娜原先的时间安排完全被打乱了，事情朝着最好的方向在发展。大家自发地走上前添加和撕掉便利贴，并激烈地讨论着。没有人关心时间。过了一会儿，CEO弗朗西斯开始用勺子敲水杯，直到整个屋子安静了下来。

"莉安娜和达米安给我们展示了很重要的东西，"他说，"对我们来说，构建商业模式不是要改变战略。事实证明，我们是一家成功的企业，我们都干得很好。"整个屋子依然一片寂静，弗朗西斯转向两位演讲者，"但是我们需要一个统一的框架理解问题，需要一种更加精确的方式调整我们的运作。此外，我们还需要以更好的方式协作。我们能够找到我们需要的东西。"

莉安娜努力保持着谦虚的表情，但她的内心兴奋得像跑赢了马拉松一样。

调整

上次的高管会议已经过去两个月了,今晚导师和学员重聚在莉安娜最喜欢的印度餐厅。"我请客,"她坚持要买单。鲍里斯嚼着他的唐杜里(tandoori)印度烤鸡,听着莉安娜说着斯巴达最近的一系列事情。进展速度超过了想象,这让她和达米安都长舒一口气。

首先,斯巴达开始组建一个新的业务部门叫政府服务部,该部门直接向CEO汇报。新的部门收编了核工业和国防团队,而莉安娜目前身兼两职:政府服务部的总监和核工业团队的领导。她的招聘需求与斯巴达其他业务部门的招聘需求受到相同的考虑。

其次,弗朗西斯对莉安娜的商业模式计划很感兴趣。据弗朗西斯所说,她的工作"帮助我们摆脱了过去无休止的不着边际的观点辩论,不再像以前一样争论多过行动。"尤其是,弗朗西斯被莉安娜对内部客户的定义打动了,以及她说的斯巴达的团队之间应该避免"错误地阻止协作的分裂感"。

最后,莉安娜与达米安的关系陡然变好了。他和莉安娜分享了更多的员工,合作改变商业零件部收入落差大的现状。达米安也明显地变得更加尊重她,对她更有礼貌。如果莉安娜没搞错的话,他对皮鞋的品位也改变了。

"我很高兴听到这些,"鲍里斯说(他真的很满意),"我觉得我的工作算完成了。"

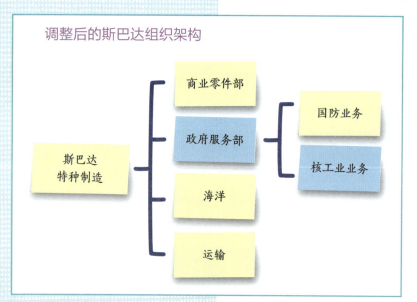

调整后的斯巴达组织架构

接力

三天后,当莉安娜坐在办公桌后面审阅质量工程师的最终候选人名单时,她看到国防团队的经理走向她的办公室。他微笑着搓着他的双手,好像一个正在准备美餐一顿的人。

"OK,我准备好了!"他说。

"准备好什么?"

"我希望你指导我学习商业建模。我想马上就开始。我不想等到整个斯巴达都开始普及,虽然如果弗朗西斯这样做,我也不会惊讶。因为你,我们都有了'茅塞顿开'的时刻。你真的把精灵放出了魔瓶。"

莉安娜笑道:"我很愿意分享这一切,包括我们曾经体验过的和我们没有一起练习过的,但首先……"她打开她的抽屉,翻了翻,拿出一张名片。"给鲍里斯打电话。留着这张名片,有一天你会传给下一个人。"

让事情变得更好

莉安娜的经历只是利用团队商业模式解决运营问题的一个例子。但是，在解决实际问题的同时，莉安娜还推动了斯巴达的团队走向更大程度的互动和调整。

你也可以在你的组织中做同样的事情。下一章将展示如何应用这种方法，绘制出至此你所学到的一切。你会学到一套能够根据自己需求调整的流程。我们用保险、软件和科技行业的领导者的例子向你讲解如何用商业模式把事情变得更好。

第四部分

应用指导

去发现其他人是如何做的，如何让它为你、
你的团队和你的组织所用。

第 8 章

应用指导

应用团队商业模式需要一些准备工作，但是并不需要大量的涉及整个企业的计划。本章将向你展示：

- 如何准备执行团队商业模式
- 可根据自身需求调整的分步策略
- 用例子说明三个不同的组织如何使用团队商业模式解决具体的问题

前期准备

在开始前，前人的经验很值得我们学习。下面这些小窍门源于数十位来自小型非营利组织以及全球化大公司的领导者的经验和教训。

阐明你的意图

明确你的意图。你主要是想利用商业模式解决问题、识别机会，还是想利用它把权力下放，让团队成员更有使命感？如果是第一个意图，那就需要干预手段。第二个则需要持续使用和根本性的改变。商业模式对两者都有用，而且这两者往往是交叉的。

首先画出你自己的商业模式

如果你还没有做，那么先画出你的个人商业画布。[1]这会让你熟悉这种方法并且对评估你现在的角色将会有很大的帮助：在你生命的这个阶段中，你是在做你想做的工作吗？你如何描绘你对你当前团队和组织的贡献的特点？你能作为商业模式执行领导做到"言出必行"吗？这些是必须回答的关键问题。然后，画出你的组织和团队商业模式。你本人的模式和这两者同步吗？不要忽略这个步骤！你会想："我懂，我知道它会告诉我什么，"然后不去动手做一遍，但是实际动手做一遍是有指导意义的，而且很有趣。

确定目标，获得认同

以终为始，就像斯蒂芬·柯维（Stephen Covey，著有《高效能人士的七个习惯》）建议的那样，[2]而且要保证团队成员也认同这个目标。如果参与者不能认同，即使是做一点小改动的计划也很可能会失败。如果你的目标是识别具体的问题或机会，则要确认团队成员都认同这是个值得应对的挑战。如果你领导的是一个高效的团队，你可能只需要带着大家实验这种新方法，就像尝试一种新的培训或指导方法。如果是这样，准备好接受你的实验结果，并做出相应的动作。

找一个深思熟虑的伙伴

不要尝试单独操作！找一个考虑周到的伙伴帮助你设计和执行。你可能需要一个善于察言观色的同事、队友、人力资源专员、教练或者顾问，他能客观地挑战你的想法。

你的这个伙伴还可以替代你执行计划或者培训,解放你,让你全身心地与其他的参与者一起互动,而不是只作为一个局外人。不管你打算怎么做,一个支持你的盟友会让你充满能量。

拥抱"风险"

领导者直接向员工指出团队和个人的意图可能是有风险的。有的主管害怕这样会促使有些人离开组织。其他人觉得他们可能会"失控"。他们的担心实际上是在说,我怎么能保证我的员工得到我想让他们得到的结论?但是坦率地讲,所有的工作都是临时的。员工想走的时候自然会走。如果你的团队或企业的商业模式有漏洞,为什么不早点发现呢?换种方式想:藏着这些基本问题不是更有风险吗?

随着项目不断练习

就像面对很多新的创意一样,有些同事会等待、观望,看看团队商业建模是不是管理层的一时爱好(时髦的"项目")。他们的怀疑是有道理的:根据一个著名的领导力顾问的说法,70%的组织变革计划都失败了。[3]员工参与度研究者保罗·马西亚诺(Paul Marciano)说人们一般认为项目是有生命周期的,不会成为一个永久行为改变的模板。[4]

保持灵活

保持灵活。工作环境具有动态变化性,一种执行方式很难在所有地方都管用。记住,这些工具仅仅是为了方便人与人之间开展更加高效和有意义的互动。例如,遵照画布的指导原则对我们而言是有帮助的(而且有时候对于避免卡壳至关重要),但是不要让指导原则阻碍了更大的目标。如果有些方法不管用,请在大家面前坦白,然后试试别的方法。如果有的团队成员很快地就学会了商业建模,那就控制一下节奏,保证其他人也能跟得上。让学得快的人去辅导其他人,保证在学习初期你自己总是能回答别人的问题。一起学习商业建模的一个额外的好处就是,它能够提升团队凝聚力、共同做决策的能力和领导力技巧。

一个基本的执行策略

比吉特·阿尔基特伦

一旦你完成了前期准备工作,就可以开始了。以下是比吉特·阿尔基特伦所用的执行顺序。她是丹麦国有电信运营商的一个25人互联网页面开发团队的负责人。她开发和优化了如下实施方法。

1. 和团队着手进行商业建模,先从领导者开始

一旦你决定和你的团队开始进行商业建模,就要先从领导者开始。如果你、你的团队、你的主管或者你的组织已经有了画布形式的商业模式,在接下来的步骤中就可以使用这些画布。很少有领导者有商业模式的经验,所以接下来我们假设你是一个没有商业模式经验的领导者。

2. 描绘你的个人和企业商业模式(1~2个小时)

找一个信任的人指导你进行如下步骤,这个人可以是你熟悉的人,或者对个人商业模式足够理解,能够在这个过程中指导和挑战你的人。

在一面干净的墙上,左边贴上一张空白个人商业模式画布,右边贴上一张空白的企业商业模式画布。

从你左侧的个人画布开始。你可以在一张画布上用不同颜色的便利贴同时描绘出当前和未来的个人商业模式。有的人喜欢从当前的商业模式开始,有的人则喜欢从未来的个人商业模式开始。哪种方式最让你兴奋就用哪种。

完成上面的工作后,再在右边的画布上画出企业商业模式(或者用现成的)。反复琢磨个人和企业商业模式,直到你完全理解它们。描述不同的客户,如你的组织、你的主管、内部的一个部门,或者你的组织以外一个真正付钱的客户。

直到你真正完成你的当前和未来的商业模式画布、你的组织的商业模式画布,这项工作才算完成。

3. 验证企业的商业模式（2个小时）

向你的主管、战略总监、CEO或者其他清楚你所在组织的战略的人呈现你画的企业商业模式画布。你写的商业模式与他们对企业商业模式的理解一致吗？还需要哪些改动呢？

4. 向你的团队介绍商业建模，描绘你的团队的商业模式画布（7个小时）

安排一次培训，向你的团队讲授商业模式的基本原理（有必要的话，联系一名有经验的引导员来策划和运作这次培训，这样你就可以专心与团队一起体验与贡献学习成果）。首先展示、讨论并练习绘制各种不同的商业画布，然后再研究你们自己组织的商业模式画布。接下来，让参与者画出各自的个人商业模式。最后，整个团队一起画出团队的商业模式。这样你们就有了企业、团队和个人的画布，看看能否协调一致。

5. 把正式的职业发展沟通改成频繁的、非正式的一对一讨论

在团队中改变原有的正式的职业发展沟通，变成经常性的、非正式的一对一讨论。尤其是数字时代的员工，他们寻求频繁的联系、真诚的兴趣和领导者的承诺。当然，也不用总是当面交流，你可以私下联系以满足这些需求，或者通过社交媒体、短信、电子邮件进行沟通。除了这些非正式的互动，还可以固定每三个月安排一次半小时的面对面沟通。如果你感觉不舒服或者需要帮助，则可以联系一名有经验的教练。

记得不断地重新审视你的个人商业模式，并与你的主管、客户和合作伙伴讨论。当你周围的环境变化时（或者针对你个人发生了改变），这些改变如何反映到你的个人商业模式上？

6. 通过公开对话改进你的商业模式

通过与团队成员、客户、合作伙伴、高管和领导者公开对话来改进你的团队和个人商业模式。这些对话没有必要面对面或者保密进行。你已经有了一个能够讲述你和你的团队为什么在这里的工具。获得反馈会帮助你持续地改进。

布伦达·科茨

团队商业建模的三个例子

在以下三个例子中，这三个组织利用团队商业模式识别出了问题或潜在问题、事件、需求或者趋势。请注意观察每个组织是如何应用之前章节中介绍的各种工具识别、分类并应对不同的挑战的。

位于加拿大曼尼托巴省的Protegra公司称自己为"软件驱动的业务社区"。Protegra公司没有部门主管，强调员工独立工作和小团队自我管理。这家公司由沃杜德·易卜拉欣（Wadood Ibrahim）于1998年创立，有78名全职员工，曾经两次入选加拿大十佳中小雇主。

Protegra公司用商业建模作为新员工入职培训，发现他们的潜在才能，以及帮助他们针对企业商业模式发展职业专长的工具。在这里，Protegra公司的问题和需求都用"有价值的工作探测器"描述出来了。

个人发展

问题或潜在问题
性格内向的技术员工缺乏对整体业务的商业理解和在Protegra公司内部成长的软技巧。

需求
技术员工必须作为业务合伙人参与进来，而不是独立贡献的专家。

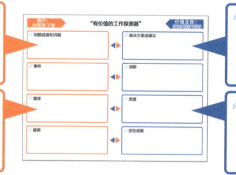

解决方案或建议
让新员工在企业商业模式的框架下画出他们自己的个人商业模式，用图表展示他们在Protegra公司的进步。

资源
教授企业商业模式，重新用实现的价值定义个人和团队工作，而仅仅是公司业务。

布伦达·科茨是Protegra公司的社区带头人，相当于公司的人力资源总监。在接下来的几页中，她会描述商业模式在Protegra公司的人才职业发展中承担的角色。

案例1：重新设计Protegra公司的人才发展计划

为什么Protegra公司如此彻底地拥抱商业模式？

"沃杜德着迷于商业模式画布是因为它聚焦于如何创造价值，而不是我们生产的产品（软件解决方案）。当我发现个人商业模式画布的时候，我找到了帮助我们员工发展的全新方法。"

"Protegra公司的员工90%都是内向的，很多人是技术控。企业商业建模能帮助他们进行商业化思考，而且能够从隐性或非技术的客户需求角度思考解决方案。个人商业建模给他们提供了一条理解团队之间相互依存关系的路径，以及提供了能让他们变得更加高效和成功的软技巧。"

"在Protegra公司，我们使用商业模式画布做战略规划和执行。画布的一个主要优势就是能促使团队成员间的协作，使每个人的信息保持一致。"

你在Protegra公司是怎么应用个人商业建模的？

"首先，我组织10位员工一组进行半天的培训。然后，我制作了一本练习册，里面包含了从《商业模式新生代（个人篇）》中得到的练习，要求每个员工用他们的个人时间完成这些练习。我还要求所有的新员工完成我们的个人商业模式练习册。我必须说大概有一半的员工不会自发地进行自我反省，所以这是一项很重要的练习。"

你会担心员工一旦学会了个人商业建模就会离开Protegra公司吗？

"确实有很多关于实地使用个人商业建模方法的顾虑。有的人可能会认为它是颠覆性的，但是最终我们准备好了去面对那些意识到Protegra公司不是他们的理想工作单位的人，他们可能会离开。如果这个工具让人们意识到他们的使命，那么他们迟早会意识到何为理想工作单位，所以说这也是件好事，因为我们最终帮助他们去追求他们想要的。"

"坦率地讲，员工的反应是多样的。我必须得说，大约有一半员工很感兴趣也很投入，另外一半则没有那么积极。有些甚至抱怨和反对这些活动，说他们'没有打算换工作'！一些人因为首次接触个人商业建模而在公司内部换了岗位，但没有人离开。"

利用个人商业模式作为进步的基础

如何使用这些练习册？

"我们用它们作为个人跟踪表的基础。我与我的同事约翰·德威特（John DeWit）搭档操作：我们中的一个人作为引导员，另一个做记录。这样做的主要目的是让新员工习惯公司，然后利用个人商业模式练习册和其他的私人活动发现他们在职位要求之外还能做什么。"

在这些活动中，你做什么？

"举个例子，我们让员工用移情图[5]描述他们自己，从而更深入地了解他们的兴趣、个性和技能。千万不要逼迫员工在小组内分享他们个人画布的每个方面。练习册中的有些练习是很私密的，而且有些人甚至为一些与工作无关的事情痛哭流泪。人们会因为他们能够全身心地投入工作而感到轻松和愉悦。"

说说你看到了哪些效果？

"技术员工的主人翁意识和投入度一路飙升。他们现在更多地考虑客户需要完成的工作，而不是简单地对技术任务进行排期。"

"此外，他们更多地意识到了软技巧的价值。比如，我们有一个很典型的男性技术工人告诉我们他要做别人的教练或导师。个人商业建模让他看到了他呈现的价值（包括技术专长），但同时还让他看到了仅仅靠技术专长是不足以吸引其他员工的。他意识到，如果想成为一名教练或者导师，他必须主动联系别人，并且让别人更加容易亲近自己。我知道这看起来并没

A skill identification tool

有多高深，但是对于像他这样的人，个人商业建模确实让他很有逻辑地抓住了要点。"

"我们很吃惊地发现有些员工渴望方向感。一位员工说：'我们身处一个扁平的组织中，而且作为员工能享受自我管理，这非常棒，但是我真的需要一个使命。'商业建模使得你能够明确使命，不管是在个人层面还是在团队层面。"

"总的来说，这些私人环节被证明极有价值。它们教会我们很多关于我们组织自身的东西，这些东西是在其他地方学不到的。"

最后，Protegra公司发生了哪些改变？

"其中一个改变是能够更好地沟通，大家对商业建模有了统一的理解，并且共同的语言真的对内部沟通有一定的帮助。大多数Protegra公司的员工都会使用这一语言。但是，最大的变化是这些私人环节很大程度上替代了绩效回顾和正式的职业发展讨论。"

给领导者的启示

- 商业模式是向高技术或专业人才讲解组织的商业层面运作的一种有效的方法，因为这些人很可能会缺少商业敏感或者不是以客户为中心。
- 商业模式向人们展示了如何通过为团队目标做贡献提升自己。个人商业模式回顾可以替代传统的职业发展讨论或绩效回顾。
- 向一个组织介绍个人商业建模的风险要比看起来小得多。绝大多数人都很感谢有这样的机会表达他们在工作上的期望。

个人发展

案例2：卡托尼卡保险公司激发员工的自我管理

路易吉·森特纳罗

卡托尼卡保险公司（Cattolica Assicurazioni）是一家有百年历史的意大利保险公司，但是它有一个一直得不到解决的问题：它的1500名员工中有很多都不会主动地追求进步。相反，他们通常等着别人给他调换工作或者提拔。但是，迫于来自非传统竞争对手和更加严格的监管压力，卡托尼卡公司需要更快的员工流动率。这家公司面临的调整被整理在下面的"有价值的工作探测器"内：

客户：你帮助了谁	"有价值的工作探测器"	价值主张：你是如何提供帮助的
问题或潜在问题 员工对运营缺乏理解，没有把在公司内部取得进步作为自己的责任，比较消极。		**解决方案或建议** 培训员工，让他们理解团队和企业商业模式；要求他们主动追求合适的内部流动。
事件 当局对保险公司的偿付能力有更严格的要求，类似的法规也将不可避免。		**创新** 员工需要更多的管理思维，包括更敏锐地意识到更高层次的商业关系。
需求 员工需要将职业身份与公司的商业模式相匹配。		**资源** 个人商业建模、职业身份和"三个问题法"。
趋势 非传统的竞争对手正在进入保险市场。		**定位创意** 必须将战略思维下放给每个员工，这样任何人都可以帮助卡托尼卡保险公司重新找回定位。

加速内部流动

"80名员工要求进行内部流动,其中一些人已经在流动名单里面很久了!"萨拉·琼塔(Sara Giunta)说。这位35岁的培训和发展经理把一叠厚厚的流动申请表摔在桌子上,吓坏了来访者。"他们虽然忙得不可开交,但是他们面对变化也表现得太被动了。你能帮我们吗?"

路易吉·森特纳罗关切地点点头。萨拉的雇主卡托尼卡保险公司是意大利第四大保险公司。卡托尼卡的百年历史让它成为一家令人尊敬的公司,但它传统的行事方式目前正被来自非传统领域的玩家的激烈竞争所挑战。萨拉联系了路易吉,希望能够帮助卡托尼卡开发出更灵活的人力资源流程,尤其是能激活这1500名员工的"内部流动性"。

萨拉发现路易吉是一个把商业设计原理应用到人才发展上的专家,他们很谈得来。他们都认为个人商业建模会帮助卡托尼卡的员工发展出萨拉所说的关键的"超级竞争力",使他们能够管理自己的职业生涯并且与领导者进行更有成果的对话。萨拉同意与路易吉和他的团队合作。

在探索和发现环节,路易吉与萨拉识别了公司中想要流动的人存在的以下问题:

- 他们不完全理解当前所在的团队或者希望调入的团队的运营。
- 他们没有意识到当前或者未来的职位所创造的价值。
- 他们没有能力识别和理解自身能力,不能很好地给自己定位,以及进一步找到公司内部的机会。
- 他们没有意识到有效的宣传自己的重要性。
- 他们缺乏对职业生涯管理的理解,没有意识到这是自己的责任。

萨拉和路易吉一致认为聚焦于传授流程和相应的技巧能够帮助很多有抱负的申请者在公司内找到新的角色。之后,路易吉和他的团队设计了一系列培训来教授商业模式基础,并且帮助这些参与者找到职业身份的感觉,从而更加有使命感地投入到他们在卡托尼卡公司内部所追求的事业中。

内部流动性

培训过程

首先，路易吉的团队给人力资源和业务单元的代表培训了个人商业模式的基本知识。然后，他们和卡托尼卡的员工一起制定了调岗申请者的三步曲：①初步面试；②培训环节；③与相关人力资源或业务单元的代表参加后续会议。这样做的目的是让这些申请者掌握追求新的职业通道所需的技能。

培训过程包含以下四个部分：

1. 团队和企业商业模式基本知识

可以利用商业模式画布更好地理解卡托尼卡的整体运作和当前（以及未来）团队的运作模式。

2. 职业身份和"三个问题"

教授职业身份和"三个问题"的基本知识，从而让他们意识到自己有责任完成转身，从而进入新的职位角色。

3. 个人商业模式的起草和调整

绘制"当前"个人商业模式以更好地理解当前角色以及与相关角色的逻辑关系。向这些参与者展示空缺职位的基本个人商业模式，这样他们就可以理解哪些业务角色是匹配的，他们在这些角色上的潜力如何。

4. 将个人品牌设计应用到目标角色中

给参与者培训个人品牌设计技巧，然后让他们选择第3项中提到的一个职位。让参与者讨论和草拟个人发展计划，然后练习自我陈述——后续会在面试过程中向人力资源和业务单元的领导做这些陈述。

结果

培训花了大概5个月的时间,分成6个批次进行,每批有12~15名参与者。路易吉的团队和萨拉一起采取了一种积极的策略,强调持续的优化,监控后续的面试,并且跟踪调动后的结果。庆幸的是,这个过程得到了意大利商会的欢迎。

萨拉对结果很满意。"到目前为止,40%的参与者都进行了内部换岗,"她说,"这对于卡托尼卡来说是个巨大的胜利,当然也是我们员工的胜利。"

给领导者的启示

- 不理解本企业如何运营的员工要比你想象得多。教授企业商业模式是帮助他们进行理解的一条快速路径。
- 领导者不可能把使命感直接赋予员工,但是他们可以传授相应的技巧以激发使命感。
- 太多的员工不能理解任务与价值的区别。教授个人和团队商业模式是建立这种理解的有效方式。

案例3：为ANT公司定位雇主"品牌"

马尔科·林德

ANT（Applied New Technologies）公司位于德国北部城市吕贝克，是一家只有26名员工的小公司，但它是下面这个领域中的领导者：为能源领域的客户设计用于清除有害物的复杂设备。然而，ANT公司却面临吸引和留住优秀员工的问题。正如很多从上到下都是高技术或专业人才的公司一样，ANT也不知道该如何让公司变成更有吸引力的雇主。为了找到答案，它以商业模式为基础进行了一次彻底的改革。

问题或潜在问题
公司面临吸引和留住优秀人才的问题。

解决方案或建议
定位并推广一个吸引人的雇主"品牌"。

每天都是一场冒险

当来访者说到"尚未引爆的炸弹"时，马尔科·林德顿时感到一股熟悉的刺痛涌上心头。

ANT公司这位48岁的COO的家常便饭就是处理危险、棘手的问题。马尔科20年前合伙创立这家公司，从此，世界各地的客户都要仰赖他和他的团队交付的设备拆除炸弹，移除水下数百英尺⊖的多余油井，以及拆毁核电站的设备。

ANT的成功源自一项独特的水流喷射技术，它能够无火花地遥控切割能源和军事设施上超高硬度的核心部件——通常是在温度极高或者一点火星就能引起灾难的环境下操作。

每天都是一场冒险，马尔科想，他刚刚挂上电话。虽然他享受ANT解决问题的挑战和拯救生命的成就，但是今天他知道他必须解决一个困扰已久且不断严重的领导力问题：虽然没有"尚未引爆的炸弹"令人兴奋，但同样危险。马尔科深深叹了口气，想：这是一个我还没有办法解决的问题。

马尔科的问题很简单：ANT正苦于如何吸引和留住优秀的员工，而且这正在威胁公司的生存。虽然这家公

⊖ 1英尺 = 0.3048米。

司是水流切割领域中的领导者，而且在石油、天然气和核电行业内部享有盛誉，但是它的名字在这些专业领域之外几乎没人听过。吕贝克唯一的一所工程学院里很少有毕业生知道ANT，而且就像其他地方的大部分毕业生一样，年轻的工程师渴望到像汉堡和斯图加特这样的大城市，或者希望在更知名的技术企业中工作，比如西门子或者德尔格这样的科技明星。

"ANT是一个真正的'无名英雄'"，马尔科想。现在，公司正站在十字路口。马尔科意识到是时候让ANT成为一个知名雇主了，要不将会面临衰败的危险，但是从哪里开始呢？

马尔科找到了尤塔·哈斯滕拉特（Jutta Hastenrath）博士，她是一名对企业和个人商业模式都有丰富经验的组织发展和人力资源顾问。在他们的首次会面中，尤塔问了一些基本问题：是什么样的员工让ANT取得了业务上的成功？你是如何找到他们的？是什么让ANT成为有吸引力的雇主的？

马尔科与尤塔讨论得越多，他们就越意识到ANT需要不止一种方法吸引和保留人才，它需要一个明确的"形象"面向全世界——一个忠实于它的内部文化并能吸引未来员工的雇主"品牌"。

马尔科与尤塔一起为ANT制定了一系列改革措施：

● 企业文化和雇主品牌
● 招聘、维系和提拔优秀员工的一系列方法
● 将员工分配到工作起来最高效的岗位的能力

马尔科、他的管理团队和尤塔最终一起工作了9个多月的时间设计和执行了这些改革措施。当尤塔开始与ANT合作时，她很快发现是工程（而且只有工程）在驱动这家公司的运营。ANT的成长与客户独特的技术问题紧紧联系在一起，绝大多数与客户的互动帮助ANT发明了全新的产品和服务。

为一种晦涩的文化寻找定位

尤塔·哈斯藤拉特

尽管他们高度聚焦于技术，ANT的员工还是铸就了一个独特的、高度默契的团队。他们中的很多人从公司建立时就相互熟悉，而且伴随着公司的起起落落一路走到今天。虽然ANT想招新人，但是这些未来的员工必须要能适应这种外人很难理解的文化。尤塔总结如下：ANT要想创立雇主品牌和制定好的招聘战略，必须首先定位它的文化，阐明它的商业模式。她把目标和行动列举了出来：

目标	行动
确定响亮的雇主品牌	表达公司文化
识别技术和能力差距	明确和分享企业商业模式
设计更好的招聘和维系方法	为每种职位定义个人商业模式
有效地分配员工	把个人商业建模作为人才发展的基础

从管理者开始

"有的管理者担心如果员工认识到了自身新的可能性，会离开并寻找其他的更加有吸引力的工作，"尤塔说，"这就是为什么你要从管理者开始。管理者必须要看到这套方法对他们个人每天的价值：这套方法如何给正确的团队成员分配正确的任务并且改善整体工作环境。"

"在ANT，我们专门为管理者预先安排培训，比全员培训要早几周。我们完整地彩排了这些培训环节，让管理者亲身验证这套方法和具体练习的作用。他们亲身体验后再讨论效果。很多人先后决定要把这套方法用到员工绩效和发展讨论中。"

ANT的精神

尤塔安排了一次独特的文化定位活动，她要求员工分成小组分享工作中发生的令人兴奋的事情，或者同事可能会感兴趣的玩笑。她发现ANT的员工工作关系非常紧密，而且他们都很珍视这种相互合作以解决客户的恐怖问题。这次活动最终用两个句子来概括这家公司的内在精神：**客户的问题是我们的冒险。我们书写着技术的历史。**接下来，就要阐明ANT的商业模式了。

阐明不可言喻的商业模式

清晰地描绘出ANT的商业模式后，我们发现一个重要的漏洞：对于技术解决方案的过度重视使得客户获取只能靠碰运气。绝大多数新客户都是由老客户推荐的。ANT很急切地需要一名有经验的业务拓展专家。

根据企业商业模式，尤塔和ANT的高管团队利用个人商业建模绘制了一名业务拓展经理的画像，着重聚焦于新职位的**价值主张**。然后，他们采用尤塔的画像技术使得职位描述更加形象，紧紧地契合ANT的文化。ANT决定内部宣布这个新的岗位空缺，同时公布给一些外部合作伙伴，但是没有公布给猎头和招聘网站。

这种方式起作用了。在尤塔的一次职业生涯公开研讨会上，一位工程师画出的个人商业模式碰巧吻合了空缺岗位的画像。尤塔把这位工程师带到ANT的COO面前，两人一拍即合。

"个人商业模式可以非常有效地判断能否适应公司文化，对于这一点大家都很清楚，"尤塔说，"ANT通过企业商业模式和空缺职位的画像准确地表达了企业的诉求。候选人很快发现他自身的价值很好地匹配了ANT的价值，所以渴望更多地了解公司。他们的第一次会面就证明，个人商业模式是一种非常好的评价员工、雇主匹配度的通用语言。"

从此之后，ANT就用这种方式招聘，只是每次根据新的职位做一些微调。为了吸引实习生和提升ANT在社区中的形象，他们为本地大学的工科学生定制了招聘流程。

使个人行为对齐企业目标

ANT的管理层决定更进一步，用商业建模使个人行为对齐公司目标。尤塔设计了培训，将所有员工的个体商业模式整合到ANT的企业商业模式中。

尤塔在她的首次全员培训中把ANT的企业商业画布投影到巨幅屏幕上，以便让每个人都能看到。他们一起讨论了新的服务创意和公司未来的客户。正因为这种可视化的模型，每个人都能看到ANT是一个活生生的、相互依存的系统，其中的每个个体都与其他个体相连。

"收入和费用的现实情况让每名员工都大开眼界，"尤塔说，"他们亲眼见证了为什么仅仅靠新的设备不能创建成功的商业模式。"

然后，尤塔让参与者匿名在便利贴上写下自己对ANT商业模式的独立贡献，并贴到企业画布的相应模块中。正如尤塔所预计的，没有人贴到"**渠道通路**"那个模块中。几乎所有人都把自己看成工程专家（**关键业务**）或者技术问题解决者（**客户关系**）。高度重叠的便利贴反映了一个真实的问题：ANT需要市场活动来连接（**渠道通路**）潜在**客户**。

为了发现员工中哪些人才能够解决这个问题，尤塔后续安排了一系列有关个人商业模式的深度培训。

将企业的理解与个人角色联结起来

在介绍了个人商业模式画布后,尤塔把焦点放在**价值主张**的概念上,举了一个ANT目前空缺的仓库管理员职位的例子。尤塔让每个参与者都画出自己的"当前"个人商业模式,然后把自己的人才画像和**价值主张**分享给同事。

之后,尤塔让大家画出自己未来的个人商业模式,并且把这些"目标"商业模式放置到ANT的企业商业画布中。通过这个步骤可以看到,有些员工确实已经开始认为和客户相关的领域也属于他们的责任范围。值得注意的是,投影出来的超大的企业画布又一次让参与者很容易地看到"全貌"并且直观地看到自己未来在公司的机会。

"很多员工说,他们第一次真正理解了ANT是干什么的,而且他们会把ANT的职位空缺推荐给朋友和熟人。"尤塔说。

从价值主张到职业发展

提升ANT雇主品牌的下一步是培训员工创建个人职业发展路径。在一系列单独的环节中，尤塔让员工分成小组细化自己的个人商业模式。每个员工都创建了"当前"画布描述自己当前的工作，然后是"目标"画布展望未来的角色。尤塔说，结果是"员工创建了他们的个人职业发展计划。这么做是为了激发他们的使命感和对自己职业发展的责任感。"

有些员工发现他们需要更多有关技术的培训。其他人则意识到他们缺乏某些领导力技巧，或者想要承担一些管理角色以验证他们是否有管理方面的兴趣。ANT的每一位员工都参与了这次培训——据尤塔讲，结果每一个人都有了一个可行的发展计划。

"公司的商业模式对每个人而言都很清晰，"尤塔说，"所以这些发展计划就成了今后主管和下属之间绩效讨论的合理的基础。"

为了跟上市场的变化，也为了保持企业的全局观，ANT计划每年举办"人才和战略日"以验证企业和个人商业模式是否对齐。

ANT案例中的发现

"通过结合雇主品牌、人才发展和商业建模，ANT创造了一种务实而具有深度战略导向的方法以获取和融合新员工，"COO马科尔说，"如今，ANT的员工成了寻找新同事和新客户的理想大使。他们理解雇主的价值主张并且能清晰和有激情地沟通。此外，他们知道如何在公司内帮助自己和别人寻找个人发展机会。"

理解ANT的需求的同时看到个人在企业商业模式中的利益，这能加强"我们"推动公司发展的力量和意愿，尤塔补充道。ANT的每一名员工都是ANT商业模式的一部分。因为员工理解他们自身的需求又想在"目标"个人商业模式方向有所发展，他们在讨论个人发展的时候就能像对待同事（而不是上级）一样顺畅地与主管互动，她说。

给领导者的启示

- 雇主品牌由文化决定，而文化决定了未来员工感兴趣的团队精神。正如彼得·德鲁克所说，文化能把战略当早餐吃。
- 管理层对于员工离职的担忧必须被认真对待而且要及时处理。首先向管理者展示商业模式的方法，这样他们就能理解个人商业建模会让员工与组织更加亲近，而不是走得更远。
- 掌握使个人行为（"我"）和企业目标（"我们"）同步的有效方法。
- 看起来不相干的运营问题往往是系统性挑战的表征。当你进行商业建模的时候，准备好做一次冒险吧！

雇主品牌定位

周一早晨值得尝试的工作

你的启动简报

到了你开始使用团队商业模式的时候了。回头看看你在第17页草拟的关于你的团队的"为什么"的声明。然后，再回顾一下第175页的"*定义为什么*"的练习。在你彻底思考这两项练习后，在下面的启动简报中写下你的思考：

1. 我为什么想要做这个？

2. 有多大的可能成功？（明确一个可衡量的成功标准）

3. 明确达成目标的步骤。

4. 当你完成启动简报后，把它分享给一位思路清晰的合作伙伴听（参见第232页）并且讨论如何继续。

实现梦想

本书之前的内容让我们走到了一个关键时刻：着手完成你的团队商业模式。如果你完成了第221页的启动简报，那你已经走在前面了，只需要在必要的时候回头参考之前章节的内容就可以了。

但如果你还没有准备好制作启动简报，请继续看第9章。这是本书的最后一章，简要回顾了团队商业建模的五个可能的阶段，并且为每个阶段介绍了一项新的练习。以下是概述：

1. 明确建模的目的

本书中的很多练习都可以用来明确你的商业建模活动的目的。"事前总结"则可以帮助你模拟"验证"你使用的这些方法的可行性。

2. 画出领导者的个人商业模式

你已经懂得了绘制个人商业模式的基本知识。"搭档与分享"练习会加深你对自身商业模式的理解。

3. 画出企业商业模式

在准备绘制你的企业商业模式的时候，可以参照"关于选择思想伙伴的建议"。然后利用"有声思考实验"（Think Out Loud Laboratory）拓宽（并加深）对企业商业模式的理解。

4. 对你的团队进行培训，画出团队和个人商业模式

可以尝试"拼图练习"：这是一种能产生360度全景团队商业模式的有力方法，并且能在最终完成时获得团队的集体认可。

5. 讨论、决定、执行

和你的团队一起讨论、深度解读你的商业模式，并且明确下一步的行动。"电影快放"练习会帮助你从认识上的共识转化为行动上的共识。

第9章

工作的新方法

1. 明确建模的目的

在开始建模之前先确定你想要建立商业模式的目的，是很有意义的。行文至此，本书提供了两次练习的机会，分别以组织目标和团队目标建立商业模型。如果你还没有完成练习，回到第1章（第17页）并完成"为你的团队起草组织使命"的任务。然后回到第6章（第175页），尝试完成"定义'为什么'"的练习。

这两个练习有些相似。如果你已经完成了这两个练习，或对其中一个练习进行了多次，你会发现你的答案不尽相同。这是很正常的。欢迎来到商业建模的世界！忘掉完美吧，相反，要追求简单、好用的"为什么"定义，以帮助你自己和同事。

现在，根据你的"为什么"定义，确定你建立商业模式的目的。你是需要解决问题吗？关于某个投资机会？领导力分配？鼓励团队成员进行自主化管理？

如果你觉得你的建模目的已经十分合理，你可能想要在你的工作中测试各种管理方法的作用了。这就是你用得着"事前总结"的地方了。

事前总结

每个人都知道总结是在事后进行学习的好方法。在完成一项工作后，团队应该就所犯的错误和不正确的假设等问题进行总结，然后进行头脑风暴，讨论以后如何避免类似问题的发生。

但肯定的是，如果团队能够在事情发生前就预见到此类错误的发生则更好。这就是"事前总结"背后的逻辑，即在项目开始之前进行总结。这要求你对那些可能引发项目失败或表现不佳的风险、不可预期的事件以及失误或无心之过进行预估。

事前总结的流程非常简单，最好与思想伙伴（或者承担项目任务的团队）共同完成。形成想法并诉诸纸端是很重要的第一步，但是相对于独自完成，与感性的倾听者分享你的想法对促进项目更加有益。因此，如果你之前是独自完成这项工作的，现在是你引入思想伙伴（后续展开讨论）的好时机。

要开始事前总结，只需简单地询问并讨论一个问题：可能会发生什么问题？说出并在纸上列明这些顾虑，按照风险大小或发生的可能性进行排序。最后要确定可能的对策。哪些事情必须保证不出问题？确保这些事情的完成并保留记录！

如果你需要与团队共同完成事前总结流程，你会更愿意征求书面回答而不是口头答案。这样搜集到的观点更多，且能够保证接下来的讨论不会被第一个发言的人或最想要表达的人主导。此外，要鼓励基于经验的评论而不是程式化的风险分析。然后，你可以列出这些评论的清单，排序并确定预防性的措施，排入项目日程中。最后，完成一项正面信息的记录，总结项目中存在的机会（不要总结那些威胁和预防性措施）。

听取总结要注意的事情

听取总结的本意是要促进项目的持续开展，但这个步骤常被省略。有时候是因为项目进度的压力，有时候是因为不想在工作进行过程中讨论未解决的冲突。这里为领导者提供一个检验真实情况的办法：你是否正在让关系屈从于为工作之便服务的地位？若是如此，你将错失一个绝好的学习机会，且会限制你的团队成员和你个人的成长。使用事前总结，你就有了新的用于听取总结的第三方工具。在你下一次听取总结的过程中，与他人一起讨论项目中可能发生的灾难场景，或"可能发生的问题"清单，看一看哪些威胁可以被成功预计或避免。此时可以庆祝你的成功了！

2. 画出领导者的个人商业模式

描绘你的个人商业模式（第104~105页）

如果你建立商业模式的原因包括要建立个人商业模型，那么在你自己身上使用个人商业模式画布就尤为重要。第4章展示了如何描绘个人商业模式。如果你还没有完成，建议使用第104~105页的画布完成自己的模型，同时建议完成第111页的职业身份练习。之后，以自己为被试，用"术式区域"（第119页）检验你的个人工作方式。最后，你可能想尝试用第202页介绍的方法，同时调整你的个体模式和你所在的企业的模式。描绘个体模式的过程通常能带给人极大的启发，但想要取得更快、更好的进步，需要找一个搭档一起研究自己的个体模式。下图中的双人练习就是理想的工具。

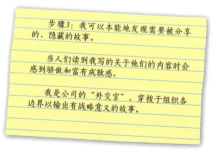

职业身份练习（第111页）

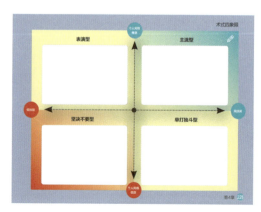

术式区域（第119页）

"搭档与分享"

"搭档与分享"练习使得两个人可以通过互助，帮助对方运用个人商业模式明确自身的角色以及该角色与团队/组织的关系。与你的思想伙伴一起，把这种方法用在你们各自的领导者个人模式上（然后，你可以和你的团队成员一起使用搭档与分享的方法）。

☐ 目标

明确你的角色以及该角色与团队/组织的关系。

☐ 要求

为你和你的思想伙伴各自准备一张超大号的个人商业模式画布纸，贴在墙上，再准备一些各种颜色的便利贴和两只黑色马克笔。

☐ 准备

两名参与者都要熟悉企业和个人模式画布，并需要完成各自的模型建立。

☐ 流程

确定由谁扮演客户，扮演客户者要站在客户方的画布前。另一方要扮演教练。

客户一方将自己的商业模式对教练方进行说明。可以以一个简明的故事描述客户细分、价值主张和关键合作伙伴，避免对关键业务和其他模块内容进行冗长的介绍。教练方应不断提问，直到完全明确客户方模型为止。

然后，教练方要提出"搭档与分享"方法的关键一问："你模型中的最大痛点是什么？"客户方将痛点锁定在某一个模块中，然后教练方用不同颜色的便利贴将痛点总结出来，贴在之前客户方锁定的模块区域中。

教练方继续辅导客户方，进一步询问该痛点与其他模块中元素的因果关系。如何通过改变这些元素解决这个痛点？客户与团队或组织之间的联系与该（些）痛点又有着怎样的关系？客户方和教练方合作将想法写在不同颜色的便利贴上，放在相应的模块区域内。

进行总结，然后，交换角色：原教练方变成客户方，原客户方变成教练方。各自以新角色重复这个练习，然后再总结。

"搭档与分享"
团队改良版

　　这里介绍一个可用于团队的"搭档与分享"改良版。其基本理念是，同事相互帮助，而不是直接从领导者那里获取指令及反馈。互助方法可以是：①比领导更强有力的方法；②让工作更有效和更投入的方法；③能够使行为发生改变的有效方法。

☐ 场地及材料要求

　　为每一位参与者准备一张超大号的个人商业模式画布纸，以及各种颜色的便利贴，每人一只黑色马克笔。一个空间足够大的房间，让大家可以舒服地进行两两搭档，将海报纸贴在墙上进行相互辅导。

☐ 准备

　　所有的参与者要熟悉企业和个人商业模式画布，并在墙上的画布纸上完成自己的商业模型的第1版。只要参与者一完成自己的模型，就可以马上进行"搭档与分享"步骤。你会发现将练习指南以文字形式用Keynote（苹果公司软件）或PPT投影出来供参与者随时查看，对练习的进行非常有帮助。考虑控制每一个练习步骤的时间，设置一个计时器以便于参与者在每一个步骤的进行中了解所剩的时间。

□ 流程

向参与者解释他们将通过一个叫作"搭档与分享"的过程进行相互辅导,同时将参与者配对。你可以简单地将大家跟身边最近的人配对,或者你可以通过一些社会工程学上的方式事先决定好谁与谁搭档效果会更好。

让搭档决定谁扮演客户方(另一个就扮演教练方),同时让这些搭档移步到客户方的画布前。

给出以下指导:

"客户方现在将简短地向教练方讲解自己的个人商业模式。各位客户方,讲一个可以概括你的主要客户群体和价值主张的工作故事,避免以冗长的篇幅讨论你的关键业务和其他模块内容。各位教练方提出问题以明确和理解客户方的模型。然后,提出'搭档与分享'练习的关键一问:'你的模型中最大的痛点是什么?'客户方要确保将痛点所在的具体模块找出来。教练方帮助他们对痛点进行总结,并写在不同颜色的便利贴上,并将这些便利贴贴在合适的模块区域内。"

继续帮助:

"教练方,进一步询问该痛点与其他模块中元素的因果关系。"客户与团队或组织之间的联系与该(些)痛点又有着怎样的关系?与你的客户方一起将想法写在不同颜色的便利贴上,放在相应的模块区域内。

请搭档进行角色互换:

原教练方变成客户方,原客户方变成教练方,重复以上练习。

总结,同时让参与者分享自己输出了哪些信息,基于自己学到的东西将采取的行动又有哪些。

3. 画出企业商业模式

如果你已做好准备描绘你所在企业的商业模式，可以参考本书第2章第54页的练习。然后，尝试描绘你所在企业的商业模式。如果你遇到了困难，可以在相似商业模式的案例中寻求提示和启发。如果你觉得所建模型已经十分合理，那么是时候选择一位思想伙伴了。

关于选择思想伙伴的小建议

思想伙伴的主要作用就是向你提出问题，让你的思考跳出你所建立的初始模型的限制。以下是选择的思想伙伴需具备的素质：

1. 好的倾听者，可以透过表达者语言的字面意思理解其想表达的真意。
2. 真诚的好奇心，能够提出开放性问题，而不带判断和批评的色彩。
3. 对你的团队和整个组织有基本的了解，不需要在基本信息上做出解释。
4. 系统性思维，能看到组织中的相互依存关系，对于商业模式的概念十分熟悉。
5. 能够对谈及的试探性的理念或计划保密。
6. 能让你的想法更清晰和精确。

一旦你选定了一个可胜任的思想伙伴，便可使用"有声思考实验"获得对于企业模型更广泛（更深刻）的观点。

"有声思考实验"

在理想的情况下,你的思想伙伴是通晓商业模式的。如果事实并非如此,要做好一次集中的画布使用培训,就要使用著名组织或你们两个都熟悉的组织的案例。避免使用你所在的组织进行画布使用培训,因为那是"有声思考实验"练习中的核心任务,应在练习过程中完成。注意:如果你们未来会经常相互征求意见,那么对思想伙伴进行商业模式培训将是一项不断产生回报的投资。

☐ 目标
创建一个可修改的企业商业模式,供团队分享。

☐ 准备
与"搭档与分享"相似,但是这项练习是为两个对企业管理有着深刻理解的人研发的。参与双方都要熟知商业画布。向你的搭档说明你需要他提供优质的提问、总结性的陈述和观察。他们的工作是帮助你的思考超出自己思维的限制。

☐ 场地和材料
找一个安静、私密、可以免被打扰的空间。在墙上贴一张超大号的企业商业模式画布纸。找一些各种颜色的便利贴和两只黑色马克笔。

☐ 指导
开始描绘企业商业模式(或与你的团队相联系的更高层模型),用简洁、清晰的语言对模块元素进行描绘,并贴在画布的相应区域。在你完成这项任务的过程中,与你的搭档讨论你如此描述的理由以及这些元素的重要性。你搭档的作用是给出提示性的评论,诸如:"为什么这很重要?""还有吗?"或"你刚刚描述的是一个活动,而不是一个价值主张。"他们对企业的了解使得他们可以发现那些被你忽略掉或做以他解的事情。

你完成画布之后,要花几分钟时间"复述"这个模型:以一个清晰、准确的描述将企业的服务对象及其对应的价值主张表达出来。多次练习这个对于企业商业模式的描述,每次都向你的搭档寻求反馈,直到你们两个都觉得这个描述已经足够干脆和紧凑,而你能够做到不在其中添加任何诸如"嗯""那么"和"你知道的"之类的填充词。"有声思考实验"练习的好处之一就是,它让你通过不断实验找到对企业商业模式的最佳表达,因为在将来的某些场合中,你可能用到这种没有一个多余的字的表达。

第9章 233

4. 对你的团队进行培训，画出团队和个人商业模式

本书主要介绍了商业模式培训、知识普及或实践方法，每一章都包含技巧、练习和小提示，以帮助你和你的同事达到设计并获得一个成功的建立商业模式的目的。步骤4就是你这个目的的核心：它预见了你对团队进行商业模式建模的培训，以及之后的团队成员对团队模式和个人模式的建立。

拼图练习是一种定义团队模式的动态方法，其带来的额外的好处是它对自我驱动的行为提出了要求。如同一个拼图游戏，每个人都贡献一块或两块拼图以形成整幅图画。

拼图练习

这个练习服务于那些致力于让团队成员都能够清晰表达团队商业模式的领导者。对于全体成员共同建立并认可的模式，成员更愿意投入其中。一旦投入，很自然地，下一步就是根据这个共同认可的团队模式定义（或重新定义）自己的个人模式。

☐ **目标**

由团队成员共同建立一个大家都认可的团队模式。

☐ **场地和材料要求**

供两三个人共同使用的超大号的企业画布纸若干张，事先贴在墙上，房间要足够大，以容纳整个团队的成员。将画布纸分发下去，每两三人一组，成员可以舒服地在本组画布周围移动或自由地在房间内走动以查看其他组的画布内容。准备不同颜色的便利贴以及人手一支黑色马克笔。设定一个计时器将很有帮助，在该轮换的时候，以铃声或哨声提示大家。

□ **准备**

参与者需要受过基本的企业画布训练，并理解建立团队商业模式的含义。

□ **流程**

1. 宣布所有参与者将共同为团队建立一个团队模型。将整个团队分为两三个人的小组（4人或以上的小组效率会降低）。你可以随机分组或事先决定好谁与谁一组。

2. 每个小组都要绘制整个团队的商业模式。设定时间限制（最好在15~30分钟）并严格遵守时间（设定一个计时器帮助人们遵守时间）。每一个小组独立完成，不可以参考其他组的信息。

3. 在本轮计时结束时，给出以下指示："首先，每组选出一人作为'讲解人'来对本组的模型进行讲解。其他人为'参观者'。然后，我们将在下一个6分钟的环节中，完成一个'拼图'。当你听到铃声，你所在小组的团队模型的讲解人会留在你们组的画布前面，而参观者顺时针方向走到其他小组建立的模型前，并提出各种问题。你有6分钟的时间提问，因此动作要快！参观者可以自由使用便利贴对其他组的建模进行评论。当你再次听到铃声时，继续向下一个小组的画布前移动，聆听讲解并提出问题。我们会持续这个流程，直到所有的参观者都看过其他所有小组所建的模型为止。讲解者会一直留在本组画布前，且不可在房间内移动。"

4. 启动即时轮换流程。例如，如果你的团队共分为四个小组，则所有人需要轮换四次。如果讲解者愿意，可以在本组模型上根据其他各组参观者的反馈意见进行修改。

5. 让所有参观者回到自己本来的位置，并与他们的同组成员讨论自己的收获以及其他组所建的模型。他们可以对自己小组建立的团队模型进行修改或提炼，以反映他们对模型有了更深层的理解。

6. 现在房间中的每个人都知道了团队模型的几个不同版本。你可以组织一次广泛的讨论，让每个小组陈述它们（修改后）的模型，或使用其他传统的方法形成一个最终模型。但请考虑准备一个如民主投票（下页将对此展开介绍）的替代方法整合出一个达成共识的团队模型。

民主投票：一个做出共同决定的简单方法

民主投票是一种做出共同决定的简单方法。它会使在多个替代提案、理念或行动之间的排序或选择过程民主化。有时候，它也被称作投票表决。[1]

☐ 目的

在团队中通过"投票"而非争论取得共识。这个过程避免了传统讨论方式中可能遇到的问题，如对于过分自信的发言者的言论给予过多权重，或"从众效应"导致参与者往往选择跟从大多数人的观点，遵从团队中具有支配性人格的成员的意见或地位最高的领导者的意见。

☐ 方法

建立一个可视的"投票池"，列出所有备选的选项。参与者用便利贴或在喜欢的选项旁边画点点的方式进行投票。投票结果是对整个团队而言最受欢迎的选项清晰可视的呈现。

☐ 参与者的数量

这项练习至少需要三个参与者，当然也可以有更多参与者参与，尽管计票可能需要花费更多时间。

☐ 所需的时间

从五分钟到一小时以上不等。投票和计票通常可以很快完成，取决于参与者的数量。大多数时间会被花费在投票之前的生成、演示及讨论备选观点的过程中。

☐ 所需材料和工具

画布、活动挂图、白板或大幅自己装订在墙上的白纸（这个情景假设你刚刚用画布完成了在商业中描述的拼图练习），以及投票贴纸或便利贴，至少需要五名参与者。

□ 如何投票

首先，你的团队需要投票选项。如果你已完成了拼图练习，你将有一屋子的团队模型画布。向参与者说明，他们将为每个模块选出对团队模型最为重要的五个元素。在每一个模块上，每一个参与者有五票，参与者若对某一个选项特别坚持，可以投不止一票，但每人必须把五票投在至少三个元素上（可以按照自己认为合适的方式修改这个规则）。

分给每一位参与者五张便利贴，告诉他们在你发出信号以后，他们就可以在房间内自由移动，并将自己的选票贴在自己认为最重要的模块元素旁边，可以选择任何一块画布（所有人同时投票可以保证各位参与者的偏好不被他人知晓）。

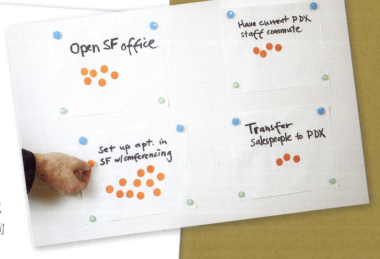

□ 如何计票

请两位参与者唱票（邀请新人或内向害羞的参与者完成此项任务可以提高参与度）。同时，团队其他成员可以休息或吃午餐。重要提醒：唱票人要首先将各小组画布中相似模块的元素合并为一组，并给每一个组标注一个统一的描述。例如，若客户细分这个模块包含了"财务""会计"和"财务人员"三个元素，唱票人就要创建一个名为"内部财务"的统一描述，并在该组选项中计入三票。如果选票非常集中，投票结果可能很快就显现出来，省去了计票环节或者可以很快就完成计票而不需要中途休息。注意：每个参与者的五张选票的分配方式很有效，但这不是硬性的规定。

□ 获胜选项

创建一张新的团队画布，将每个模块得票最多的五个获胜选项放进每个模块中。其他的元素可以根据获得票数的多少酌情添加。恭喜！你已经得到了一个团队商业模式模型了。即便有些参与者不同意这个结果，他们也会更倾向支持团队的选择，因为他们也曾被邀请参与这个决定，且他们的意见在生成这个结果的过程中得到了同等的重视。

5. 讨论、决定、执行

现在是时候讨论你的商业模式模型中的深意，并确定行动方案了。回顾我们上一章案例分析中描述的行动。那些团队寻找并最终找到了行动目标，用来：

- 修正或改进
- 消除（少做）
- 加强（多做）
- 重新对齐
- 利用

"电影快放"的方法可以帮助你的团队从对模型含义的认同升级为对行动方案的认同。

电影快放

　　这个简单易学的练习可以帮助人们对新的工作任务、团队活动变革、个体转型或任何待完成工作的周边环境进行了解。这个理念的目的在于在工作开始之前通过"将工作完成的过程进行快放"的方式引发对该过程的洞察和领悟。你可以在任何时间在毫无准备的情况下使用此方法。用法如下所述。

　　1. 请团队成员将接下来要完成的工作想象成一部电影（如果你喜欢可以给电影取个名字），你可以说："将这个项目像过电影一样在脑中过一遍。这个电影的结尾看起来如何？"（如果你们愿意，可以分成几个小组分别完成）。你可以让他们给电影取名字，做出情节串联图版，甚至如果你愿意，为"电影"做一个演职人员表。给出类似如下的建议："在这个过程中，哪些预期以外的事情发生了？描述面临的最大挑战以及如何克服它们。最令人兴奋的场景是什么？这个场景中的演员有谁？你们的电影是一部喜剧、悲剧，还是历险题材的影片？"

　　2. 让每一个小组对自己的电影进行演示。作为提示，你可以将他们所描述的场景固定在未来的某个具体的时间。如果团队比较大或者团队人员比较多元化，你可以要求他们简单地就结尾进行描述或根据"提示卡"要求的场景进行描绘，然后让大家交换提示卡，阅读其他人的描述内容，并选几个描述大声读出来。这可以提高参与度。

　　3. 讨论应对方法。对于理性的和直觉性的领悟给予同等的重视。请团队成员就如何利用这些领悟成功完成待完成的工作提出建议。

☐ 衍生用法1

　　将团队分为两组。一组完成电影的"悲剧版"结尾，描述什么时候、在什么地方以及为什么发生了灾难。另一组完成电影的"喜剧版"结尾，描述导致成功的机会、行动以及决策。请两组对各自的版本进行演示。比较两个版本，然后同整个团队一起讨论从中获得的启发。

　　如果是一个长期项目，你可能会想要把这个练习放在项目期中进行。提示：要对电影的不同版本的描述进行保留。在工作完成后，在项目汇报总结中重放这些版本。

☐ 衍生用法2

　　"电影快放"练习也可以用于个体。例如，如果一个团队成员正在为是否要从一个技术岗位向管理者角色转变的决定而苦恼，你可以让他"像过电影一样快放你作为管理者的场景。你将大部分时间花在了什么事情上？描述你作为管理者时，情况是如何的不同。此时有哪些变化？"

赠言

不管你领导的团队是正式的还是非正式的，商业模式的相关方法都能赋予你让他人更有效工作的能力——不论是作为个体，在团队中，或是作为一个大型企业的贡献者。因此，不要停留在思考层面，去尝试使用它，实践它！享受这个过程。

最后，我们热忱地希望听到你的学习心得，不论是成功心得还是失败心得。你可以通过tim@BusinessModelsForTeams.com或bruce@BusinessModelForTeams.com联系我们。如果我们的精神感动了你，请通过BusinessModelsForTeams.com加入我们，你可以通过注册免费获得书中提到的所有工具。

蒂莫西·克拉克

布鲁斯·黑曾

俄勒冈州波特兰市

2016年11月

特别贡献者

除了线上的合作，本书共创团队中的一部分人还花了一整天的时间在阿姆斯特丹面对面地打磨和完善本书。我们特别感谢这些特别贡献者，尤其感谢他们对本书中方法和技巧的验证与评论。

Arnulv Rudland
Atos Consulting

Birgitte Alstrøm
ValueGrower

Daniel Weiss
Brickme.org

Dennis Daems
EIFFEL

Edmund Komar
people.innovation.partners

Dr. Frederic Caufrier
Three Parallel Rivers

Jos Meijer
In Good Company

Dr. Jutta Hastenrath
Hastenrath.de

Luigi Centenaro
BigName.it

Marijn Mulders
Tolo Branca

Mercedes Hoss
Off-Time GmbH

Mikko Mannila
Stattys

Nicolas de Vicq
Mindstep.TV

Neil McGregor
Human Synergistics New Zealand

Reiner Walter
Geschäftsmodell-Coach

Renate Bouwman
De Droombaanfabriek

Dr. Thomas Becker
Thomas Becker, btc

Timothy & Bruce
BusinessModelsForTeams.com

从一个全球化的社区中获取灵感

关于团队合作的有意义的讨论不可能出自理论泡沫或者组织真空，因此本书的作者和我们组成的社区致力于在一本高度可执行的书中分享可实操的方法。

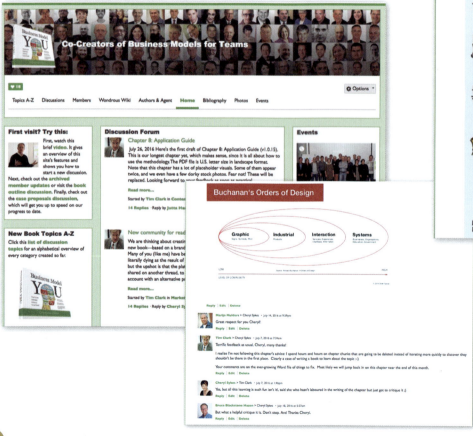

创作《商业模式新生代（团队篇）》的在线社区抓住了全球对于更好的团队合作的渴望。分布在全球各地的智者为我们带来了多样化的成功案例。创意和书稿同时得到了验证。

创作本书意味着要抛弃很多资料，提炼出那些刚好能帮助读者发现他们组织如何运作以及他们个人如何融入其中的东西。

线下的验证和讨论识别与优化了最好的创意。

从海量有价值的信息中，我们提炼出了有关团队商业模式的最关键信息。

创作者简介

蒂莫西·克拉克（Timothy Clark），博士、作者

　　蒂莫西是一位被NEXT认证的创业导师、教育家和作家。他领导了发起于BusinessModel-You.com的全球个人商业模式运动。在将他创业6年的公司以数百万美元的价格卖给一家纳斯达克上市公司后，他完成了国际商业模式可移植性的博士课题，出版或编辑了有关创业、商业模式和个人发展的5本书，包括全球畅销书《商业模式新生代（个人篇）》和《商业模式新生代》——这些著作被翻译成30种语言，销量达100多万册。

　　蒂莫西曾经是一位咨询顾问和研究者，其客户包括亚马逊、贝塔斯曼金融服务公司、英特尔和仁科软件。他曾经连续6年主笔《日本企业家报告》（*Japan Entrepreneur Report*）月刊和《日本互联网报告》（*Japan Internet Report*）时事通信，并著有首部覆盖日本互联网和移动互联网行业的英文研究报告，被多家媒体转载。作为一名斯坦福大学的毕业生，他拥有工商管理硕士和博士学位，在筑波大学（University of Tsukuba）担任教授，是东京的风险资本公司Sunbridge的资深合伙人。

小野寺桂子（Keiko Onodera），设计师

作为一个东京人，小野毕业于桑泽设计学校（Kuwsawa Design School）。早在学生时代，她就在一个工作室工作并且创作了泷川美容学院（Takigawa Beauty College）的官方标识（一直被沿用至今）。毕业后，她作为一名包装设计师供职于食品制造商雪印公司（Yukijirushi）的研发中心——日本最大的此类研发中心。在那里，她因她创新的设计获得了很多专利。之后，她加入了全球化妆品巨头资生堂（Shiseido）的一个超过百人的创意团队，设计广告产品和包装。

小野于1991年移居美国，供职于位于檀香山的一家设计公司UCI，聚焦于图形设计和包装设计。同时，她还作为自由图形设计师为杂志和其他出版社服务。之后，她合伙创立了一家提供在线市场研究和客户获取方面服务的咨询公司，并且为诸如亚马逊、彭尼百货和内曼·马库斯百货之类的客户设计了日语网站和在线营销活动。如今，她是一名独立设计师。

布鲁斯·黑曾（Bruce Hazen），硕士、合作者

布鲁斯是一位职业规划和管理咨询顾问。在过去的18年中，他指导领导者和他们的下属使用"三个职业问题"（The Three Career Questions）工具得到他们各自的答案。作为一名演讲者、培训师和咨询顾问，他的使命很明确：减少工作场所的困难，提升职业满意度，让客户看到商业游戏的全局，并且阻止他们"在职业生涯中从一而终"。他分别从康奈尔大学和圣何塞州立大学取得了工业和劳工关系学士以及临床心理学硕士学位，在科技、医疗和专业服务行业的人力资源与生产管理岗位从业25年。

布鲁斯是Three Question Conculting公司的总裁和Answering The Three Career Questions: Your Lifetime Career Management System一书的作者。他作为合作者创作了The Complete Handbook of Coaching一书中的职业辅导章节，也是《商业模式新生代（个人篇）》的合作者之一。

译者简介
黄涛

具有10年全球500强企业销售工作经验，足迹遍布欧洲、印度、中国等全球主要市场。他研究开发的营销变革流程和应用软件，将业界领先的营销理念借助互联网技术贯彻到营销一线的实战中。

郁婧

经济学学士，管理学硕士，互联网旅游规划师。2009年上海工业博览会翻译。著有《论旅游的商品性》等。

审校者简介
会杰

在全球500强企业从事销售和管理工作20余年，是最早一批走出去在海外创办企业分支机构的管理者，亲自创办并管理了数十个海外国家的营销和服务组织，成功运作了超过100个战略项目。

注释

第1章

1. 作者在加利福尼亚圣何塞的亲身经历。

2. 丹尼尔·平克所著 *Drive* 提供了全面的关于人类动机的讨论，指出目标、自主权和专精是工作中的三个关键动机。我们加入了在社会科学文献中广为认可的另一个关键动机——人际关系。

3. Lencioni, Patrick. *The Five Dysfunctions of a Team* (Jossey-Bass, 2002).

4. Wilson, Edward O. *The Meaning of Human Existence* (LiveRight Publishing Corporation, 2014).

5. Hersey, P., and Blanchard, K. H. *Life Cycle Theory of Leadership* (Training and Development Journal 23 (5): 26-34. 1969).

6. Blanchard, K. H. *The One Minute Manager*. See also the Center for Creative Leadership (http://www.ccl.org/).

7. Marciano, Paul. *Carrots and Sticks Don't Work: Build a Culture of Employee Engagement with the Principles of RESPECT™* (McGraw-Hill, 2010).

8. 对于绝大多数人来说，正式的系统性思考太过复杂，因此对很多领导者来说并不实用。可以参考Donella Meadows所著的 *Thinking in Systems: A Primer*，一本从非专业角度介绍系统性思维的好书。

9. 我们把第三方工具定义为一种用于结构化思考但又有点游戏化的物理工具，用它可以超越人们语言的表达能力，加深人与其对复杂对象的理解的关系。"第三方"指当前所陈列的事物之外的东西和另一个物理维度，让理解超越线性的、语言的交流。

10. Kristiansen, Per, and Rasmussen, Robert. *Building a Better Business Using the LEGO® Serious Play® Method* (Wiley, 2014).

11. Osterwalder, Alexander, Pigneur, Yves, et al. *Value Proposition Design* (Wiley, 2014).

第2章

1. Owen, David. *Copies in Seconds: Chester Carlson and the Birth of the Xerox Machine* (Simon & Schuster, 2004), 220.

2. Chesbrough, Henry, and Rosenblum, Richard S. *The Role of the Business Model in Capturing Value from Innovation: Evidence from Xerox Corporation's Technology Spinoff Companies* (Harvard Business School).

3. *Copies in Seconds*, 278.

4. Intense competition from Japanese copier manufacturers was also a critical factor. See Charles D. Ellis's *Joe Wilson and the Creation of Xerox* (Wiley, 2006).

5. NASDAQ calculation as of April 27, 2016.

6. Alexander Osterwalder和Yves Pigneur这样定义商业模式：一个商业模式描述了一个组织如何创造、交付和获取价值的内在原理（摘自《商业模式新生代》）。我们发现人们的直觉偏向于认为价值是由客户"获取"的，而不是由创造和交付它的组织"获取"的。

7. 在《商业模式新生代》中，模型中的渠道通路这个模块是围绕着营销过程的五个阶段展开的。我们发现在营销的前四个阶段中确定渠道通路模块更加直观，因为这四个阶段才是将潜在客户变为客户的过程。在潜在客户变为客户之后，组织与他们之间的交流将会在客户关系这个模块内完成。

8. 登录Strategyzer.com获取工具，这些工具支持本地或基于云技术创建电子版的商业模式画布并进行成本计算。

9. 商业模式画布是由Alexander Osterwalder和Yves Pigneur共同发明的，可以在Strategyzer.com上免费获取。

第3章

1. Lencioni, Patrick. *The Three Signs of a Miserable Job* (Jossey-Bass, 2007).

2. Search "Clayton Christensen" and "jobs to be done" for more on this concept. For a comprehensive discussion of pains and gains, see Alexander Osterwalder and

Yves Pigneur's *Value Proposition Design* (Wiley, 2014).

第4章

1. 如果你还没有建立自己的商业模式模型，参见蒂莫西·克拉克的《商业模式新生代（个人篇）》，或登录CommunityBusinessModelYou.com，观看免费的使用教学视频。

2. 个体价值主张可以用描述《商业模式新生代（个人篇）》中的"Value Provided"描述。"Value Provided"是用来指代那些正在工作并且已经输出过价值的人，与"价值主张"相反，它指的是那些通过提出某些价值主张寻求新的客户群体的人。

3. Search "Clayton Christensen" and "jobs-to-be-done" for more on this concept.

4. Frederic Laloux discusses the "whole self" idea in *Reinventing Organizations: A Guide to Creating Organizations Inspired by the Next Stage of Human Consciousness* (Nelson Parker, 2014).

5. Paraphrased quote attributed to Holocracy One co-founder Tom Thomison.

6. Lencioni, Patrick. *The Truth About Employee Engagement* (Jossey-Bass, 2015).

7. www.reachcc.com/.

第5章

1. 参见丹尼尔·平克的著作*Drive*，该书提供了全面的关于人类动机的讨论，指出目标、自主权和专精是工作中的三个关键动机。我们加入了在社会科学文献中广为认可的另一个关键动机——人际关系。

2. See co-author Bruce Hazen's *Answering the Three Career Questions* (Three Questions Consulting, 2014) for a comprehensive discussion of career collaboration.

3. See *Answering the Three Career Questions* for a comprehensive discussion of the Three Questions.

4. LinkedIn Exit Survey, 2014.

5. Towers Watson Global Workforce Study, 2014.

6. See JobCrafting.org.

第6章

1. The Golden Circle was created by Simon Sinek and described in *Start With Why* (Random House, 2008).

2. Lencioni, Patrick. *The Truth About Employee Engagement* (Jossey-Bass, 2015).

3. This exercise is described as "Low-Tech Social Network" in Dave Gray's *Gamestorming* (O'Reilly, 2010).

4. Exercise adapted from Sinek, *Start With Why*.

5. Ibid.

第7章

1. 这个故事是本书一位作者的亲身经历。出于隐私方面的考虑，故事人物采用了化名。为了达到教学目的，其中的对话和事件包含部分虚构的因素。照片取自真实的故事场景。

第8章

1. Refer to Tim Clark's *Business Model You* (Wiley, 2012) or visit BusinessModelYou.com.

2. Covey, Stephen. *The 7 Habits of Highly Effective People* (Free Press, 1990).

3. Blanchard, Ken. *Mastering the Art of Change* (Training Journal, January 2010).

4. Marciano, Paul. *Carrots and Sticks Don't Work: Build a Culture of Employee Engagement with the Principles of RESPECT™* (McGraw-Hill, 2010).

5. Empathy Maps are described in in Gray, David, et al. *Gamestorming* (O'Reilly, 2010).

第9章

1. Dotmocracy is described in in Gray, David, et al. *Gamestorming* (O'Reilly, 2010).

你可能会用到的书和文章

Argyris, Chris. *Integrating the Individual and the Organization* (Transaction Publishers, 1990)

Beck, Don Edward, and Cowan, Christopher C. *Spiral Dynamics: Mastering Values, Leadership, and Change* (Blackwell Publishing, 1996, 2006)

Berger, Jennifer Garvey, and Johnston, Keith. *Simple Habits for Complex Times: Powerful Practices for Leaders* (Stanford University Press, 2015)

Buxton, Bill. *Sketching User Experiences: Getting the Design Right and the Right Design* (Elsevier, 2007)

Cappelli, Peter. *Why Good People Can't Get Jobs: The Skills Gap and What Companies Can Do About It* (Wharton Digital Press, 2012)

Chandler, M. Tamra. *How Performance Management is Killing Performance—and What to Do About It* (Barrett Koehler Publishers, Inc., 2016)

Clark, Tim, Osterwalder, Alexander, and Pigneur, Yves. *Business Model You* (Wiley, 2012)

Eoyang, Glenda, and Holladay, Royce J. *Adaptive Action: Leveraging Uncertainty in Your Organization* (Stanford Business Books, 2013)

Fuller, R. Buckminster. *Operating Manual for Spaceship Earth* (Lars Müller Publishers, 2008)

Getz, Issac. *Liberating Leadership: How the Initiative-Freeing Radical Organizational Form Has Been Successfully Adopted* (California Management Review, 2009 Vol. 51, No. 4)

Gray, David, et al. *Gamestorming* (O'Reilly, 2010)

Hamel, Gary. *What Matters Now* (Jossey-Bass, 2012)

Haudan, Jim. *The Art of Engagement: Bridging the Gap Between People and Possibilities* (McGraw-Hill, 2008)

Hazen, Bruce. *Answering the Three Career Questions* (Three Questions Consulting, 2014)

Hsieh, Tony. *Delivering Happiness: A Path to Profits, Passion, and Purpose* (Grand Central Publishing, 2010)

Hock, Dee. *One From Many: VISA and the Rise of the Chaordic Organization* (Barrett Koehler Publications, Inc., 2005)

Kaye, Beverly, and Giulioni, Julie Winkle. *Help Them Grow or Watch Them Go: Career Conversations Employees Want* (Barrett-Koehler Publications, 2012)

Kersten, E.L. *The Art of Demotivation—A Visionary Guide for Transforming Your Company's Least Valuable Asset: Your Employees* (Despair, Inc., 2005)

Kolko, Jon. *Design Thinking Comes of Age* (Harvard Business Review, September 2015)

Krames, Jeffrey. *Lead With Humility: 12 Leadership Lessons from Pope Francis* (American Management Association, 2015)

Kristiansen, Per, and Rasmussen, Robert. *Building a Better Business Using the Lego® Serious Play® Method* (Wiley, 2014)

Kruse, Kevin. *Employee Engagement for Everyone* (Center for Wholehearted Leadership, 2013)

Labovitz, George, and Rosansky, Victor. *The Power of Alignment: How Great Companies Stay Centered and Accomplish Extraordinary Things* (McGraw-Hill, 1997)

Labovitz, George, and Rosansky, Victor. *Rapid Realignment: How to Quickly Integrate People, Processes, and Strategy for Unbeatable Performance* (McGraw-Hill, 2012)

Laloux, Frederic. *Reinventing Organizations: A Guide to Creating Organizations Inspired by the Next Stage of Human Consciousness* (Nelson Parker, 2014)

Lencioni, Patrick. *The Five Dysfunctions of a Team* (Jossey-Bass, 2002)

Lencioni, Patrick. *The Truth About Employee Engagement* (Jossey-Bass, 2015)

Marciano, Paul. *Carrots and Sticks Don't Work: Build a Culture of Employee Engagement with the Principles of RESPECT™* (McGraw-Hill, 2010)

Marquet, L. David. *Turn the Ship Around! A True Story of Turning Followers into Leaders* (Portfolio/Penguin, 2012)

Maturana, Humberto R., and Varela, Francisco J. *The Tree of Knowledge: The Biological Roots of Human Understanding* (Shambhala, 1987)

Mayer, Roger C., Davis, James H., and Schoorman, F. David. *An Integrative Model of Organizational Trust* (The Academy of Management Review, Vol. 20, No. 3, July 1995)

Maylett, Tracy, and Warner, Paul. *MAGIC: Five Keys to Unlock the Power of Employee Engagement* (Greenleaf, 2014)

McCarthy, Robert. *Navigating with Trust* (Rockbench, 2012)

Meadows, Donella. *Thinking in Systems: A Primer* (Chelsea Green Publishing, 2008)

Osterwalder, Alexander, and Pigneur, Yves. *Business Model Generation* (Wiley, 2010)

Osterwalder, Alexander, and Pigneur, Yves, et al. *Value Proposition Design* (Wiley, 2014)

Pink, Daniel. *Drive* (Riverhead Books, 2011)

Semler, Ricardo. *Maverick: The Success Story Behind the World's Most Unusual Workplace* (Grand Central Publishing, 1993)

Senge, Peter. *The Fifth Discipline Field Book* (Bantam Doubleday Dell Publishing Group, Inc., 1994)

Simon, Hermann. *Hidden Champions of the 21st Century: Success Strategies of Unknown World Market Leaders* (Springer, 2009)

Sinek, Simon. *Start With Why: How Great Leaders Inspire Everyone to Take Action* (Portfolio, 2011)

Wilson, Edward O. *The Meaning of Human Existence* (LiveRight Publishing Corporation, 2014)

Wlodkowski, Raymond J. *Enhancing Adult Motivation to Learn: A Comprehensive Guide for Teaching All Adults* (Jossey-Bass, 2008)

我们已经泼了几滴咖啡在这页纸上,所以不要犹豫了,在这几页纸上随意地写写画画吧。

接下来的行动？关键创意？引入哪些思想伙伴？哪几页要再读一遍？

商业模式的力量

书号	书名	定价	作者
978-7-111-54989-5	商业模式新生代（经典重译版）	89.00	（瑞士）亚历山大·奥斯特瓦德 （比利时）伊夫·皮尼厄
978-7-111-38675-9	商业模式新生代（个人篇）：一张画布重塑你的职业生涯	89.00	（美）蒂姆·克拉克 （瑞士）亚历山大·奥斯特瓦德 （比利时）伊夫·皮尼厄
978-7-111-38128-0	商业模式的经济解释：深度解构商业模式密码	36.00	魏炜 朱武祥 林桂平
978-7-111-57064-6	超越战略：商业模式视角下的竞争优势构建	99.00	魏炜 朱武祥
978-7-111-53240-8	知识管理如何改变商业模式	40.00	（美）卡拉·欧戴尔 辛迪·休伯特
978-7-111-46569-0	透析盈利模式：魏朱商业模式理论延伸	49.00	林桂平 魏炜 朱武祥
978-7-111-47929-1	叠加体验：用互联网思维设计商业模式	39.00	穆胜
978-7-111-57840-6	工业4.0商业模式创新：重塑德国制造的领先优势	39.00	（德）蒂莫西·考夫曼
978-7-111-55613-8	如何测试商业模式	45.00	（美）约翰·马林斯
978-7-111-30892-8	重构商业模式	36.00	魏炜 朱武祥
978-7-111-25445-4	发现商业模式	38.00	魏炜

商业设计创造组织未来

书号	书名	定价
978-7-111-57906-9	平台革命：改变世界的商业模式	65.00
978-7-111-58979-2	平台时代	49.00
978-7-111-59146-7	回归实体：从传统粗放经营向现代精益经营转型	49.00
978-7-111-54989-5	商业模式新生代（经典重译版）	89.00
978-7-111-51799-3	价值主张设计：如何构建商业模式最重要的环节	85.00
978-7-111-38675-9	商业模式新生代（个人篇）：一张画布重塑你的职业生涯	89.00
978-7-111-38128-0	商业模式的经济解释：深度解构商业模式密码	36.00
978-7-111-53240-8	知识管理如何改变商业模式	40.00
978-7-111-46569-0	透析盈利模式：魏朱商业模式理论延伸	39.00
978-7-111-47929-1	叠加体验：用互联网思维设计商业模式	39.00
978-7-111-55613-8	如何测试商业模式:创业者与管理者在启动精益创业前应该做什么	45.00
978-7-111-58058-4	商业预测：构建企业的未来竞争力	55.00
978-7-111-48032-7	企业转型六项修炼	80.00
978-7-111-47461-6	创新十型	80.00
978-7-111-25445-4	发现商业模式	38.00
978-7-111-30892-8	重构商业模式	36.00

魏朱六要素商业模式系列丛书

超越战略：商业模式视角下的竞争优势构建

作者：魏炜 张振广 朱武祥 ISBN：978-7-111-57064-6 定价：99.00元

升维思考，定义差异竞争维度；降维攻击，重构竞争时空格局

商业模式的经济解释：深度解构商业模式密码

作者：魏炜 朱武祥 林桂平 ISBN：978-7-111-38128-0 定价：36.00元

"魏朱六要素商业模式"模型深度解构
揭示商业模式设计原理和可循路径

商业模式的经济解释 II

作者：魏炜 朱武祥 林桂平 ISBN：978-7-111-48512-4 定价：59.00元

将单个企业的边界打破、开创性地提出了商业模式共生体、商业模式设计工程学等新概念、新方法、新思想，使企业的商业模式设计有依据、有途径、有方法，更加系统化。

重构商业模式

作者：魏炜 朱武祥 ISBN：978-7-111-30892-8 定价：36.00元

无论企业大小，无论行业，在企业六个生命周期中的三个阶段，最有可能毁灭一个企业，也最有可能成就一个企业。其差别就在于——是否进行了商业模式重构

发现商业模式

作者：魏炜 朱武祥 ISBN：978-7-111-25445-4 定价：38.00元

北大清华教授联手合作，推出原创管理模型
好的商业模式可以举重若轻，化繁为简，在赢得顾客、吸引投资者和创造利润等方面形成良性循环，使企业经营达到事半功倍的效果。

透析盈利模式：魏朱商业模式理论延伸

作者：林桂平 魏炜 朱武祥 ISBN：978-7-111-46569-0 定价：39.00元

"魏朱六要素商业模式"核心要素深度诠释
工具化盈利模式的创新与设计